EWE PORAUS ALLIM
ME REN
JOHN
pwal
1, 2, & 3 JOHN

Tettelin iten ekkewe pwuken Testamentin Lom

Kenesis (Ken.)
Exodus (Ex.)
Leviticus (Lev.)
Numbers (Num.)
Deuteronomy (Deut.)
Joshua (Josh.)
Soukapwung (Souk.)
Ruth
1 Samuel (1 Sam.)
2 Samuel (2 Sam.)
1 King (1 Ki.)
2 King (2 Ki.)
1 Kronika (1 Kron.)
2 Kronika (2 Kron.)
Ezra
Nehemiah (Neh.)
Ester (Est.)
Job/Hiop
Kol Fel (Kol F.)
An Solomon Fos (Sol F.)

An Solomon Afalafal (Sol Af.)
An Solomon Kol (Sol K.)
Aisea (Ais.)
Jeremiah (Jer.)
Kolun Kechiw (Kol K.)
Ezekiel (Ez.)
Daniel (Dan.)
Hosea (Hos.)
Joel
Amos
Obadiah (Ob.)
Jonah
Micah (Mic.)
Nahum (Nah.)
Habakkuk (Hab.)
Zefaniah (Zef.)
Haggai (Hag.)
Zekaraia (Zek.)
Malakai (Mal.)

Tettelin iten ekkewe pwuken Testament Sefö

Matthew (Mat.)
Mark
Luke
John
Foffor (Fof.)
Rom
1 Korint (1 Kor.)
2 Korint (2 Kor.)
Kalatia (Kal.
Efisos (Ef.)
Filipai (Filip.)
Kolosse (Kol.)
1 Thessalonika (1 Thes.)
2 Thessalonika (2 Thes.)

1 Timothy (1 Tim.)
2 Timothy (2 Tim.)
Titus (Tit.)
Filimon (Fil.)
Hipru
James
1 Peter (1 Pet.)
2 Peter (2 Pet.)
1 John
2 John
3 John
Jude
Pwarata (Pwar.)

Newenewenen ekkei tikin esisilen mesen mak:

ä = säät
ö = fönu
á = liffáng
ó = mómmót
<u>ch</u> = k, usun lon "kilisou"
ph = f, usun lon "fokkun"

w. = wokisin

Are kopwe kuna efou */ ᵃ/ ᵇ unukun eu kapas, ei a esisilätä pwe wewen ewe(ekkewe) kapas a makketiw me fan.

EWE PORAUS ALLIM ME REN JOHN

EWE PORAUS ALLIM ME REN JOHN

J. Vernon McGee

EWE CHON MAKKEI EI PWUK: John

John i emon Noun Jesus chon kunö; noun Zebedee me Salome, pwal pwiin James (Mark 1:19, 20; Matthew 20:20; John 21:20-24).

EWE IER: A.D. 90-100

Sia meefi pwe John a makkei "Ewe Poraus Allim me ren John," mwirin, a makkei ekkewe ulungat "Taropwe," mwirin, a makkei ewe pwuken "Pwarata." Sia meefi pwe John, ewe "chon kunö mi achengicheng," a makkei ekkei pwuk meinisin ekkoch chok ier me mwen an malo.

TETTELIN MASOUWEN EI PWUK:

A wor ekkoch mettoch mi amairu usun tettelin masouwen ei pwuk:

1. Ekkewe pwuken Matthew, Mark, me Luke ra wewe fengen lon porauser me tettelin masouwer. Nge ewe pwuken John a sokko-fesen seniir.

2. Matthew me Mark ra aporausa ekkewe foffor manaman Jesus A fori; Luke a aporausa An Jesus kewe fos mwönunnur; nge John esap fori iei usun.

3. Ekkewe foffor manaman minne John a makkei usun ra fis pwe "esisil," o ra kefilita pwe repwe aiti ngeni kich wewen ekkoch **let** mi fokkun lapalap auchear. (Awewe chok: Jesus a amongou ekkewe 5,000 mwan, o mwirin chok, sia aleani An Jesus afalafal usun ewe Pilawan Manaw.)

4. A wor engol me eu esisil lon ewe pwuken John.

5. Esap wor fos mwönunnur lon ewe pwuken John. Porausen ewe Chon Mas mi Mwirino esap iei och "fos mwönunnur," pwe fen och afalafal. Ewe poraus usun ewe siip mi mwalechelo lon Luke 15, iei eu fos mwönunnur. Ekkewe poraus Jesus A aporausa lon ewe pwuken John ra fis pwe liosun awewe, nge esap poraus mwönun-nur.

6. Ekkewe kapas lon ewe pwuken John ra fokkun mecheres, iei popun ekkoch aramas ra eita ngeni ei Poraus Allim ewe "Kapas Allim mi Mecheres." Ekkewe kapas John e nounou ra mochomoch o fatafatöch, nge enlet, masouwen ewe pwuken John a men fokkun alóllól, o mi weires ngeni kich ach sipwe weweiti. Kopwe lechuuni usun ekkei fos, o mwirin, achocho ngeni om kopwe weweiti alóllólur: "ami lon Ngang, o Ngang lon ami" (John 14:20).

7. John a atettelöchu masouwen ei pwuk alongolong won tichikin ekkewe fansoun lupwen ra fis. (Awewe chok: "lon ewe ran mwirin," John 1:29, 35, 43). I a akkotöchu o atettelöchu masouwen ewe pwuk, a pwal ngeni kich iten ekkewe leeni me telinimw (awewe chok: "Bethabara pekilon Jordan," John 1:28; "Kana, an Kalili," John 2:1).

8. John a pwaralo pwe Kraist wesewesen I Kot, nge a pwal afatöchu ngeni kich pwe Kraist I Aramas (awewe chok, "Jesus A fokkun mölulu ren An sai," John 4:6)

9. Ewe it **Jesus** a pwä fan chommong, nge ewe it **Kraist** a pwä fan ekkoch chok. Iei och mettoch mi amairu, pun ewe pwuken John a makketiw pwe epwe pwäralo pwe Jesus Kraist I Kot.

10. Ewe kapas **Jews** a pwä lap seni fan wone.

EWE POPUN JOHN A MAKKETIW EI PWUK:

John a pwisin ureni kich popun ei pwuk a makketiw lon John 20:30-31)

ITELAPEMONGUN EI PWUK:

Ei pwuk a wesewesen afatafatöchu ngeni kich pwe Jesus I Kot. A pwal aucheani ewe wisen Jesus, pwe I ewe Messiah. Ei a fatafatöch ngeni kich lon John 20:31 – "nge ekkei ra makketiw pwe ami oupwe luku pwe Jesus I ewe Kraist, ewe Noun Kot, o ren ami luku oupwe aani manaw lon itan.."

A wor eu "mwokutukut" mi fokkun lapalap auchean a makketiw usun lon John 16:28 – ""Ngang Ua feito seni ewe Sam o feito lon fonufan. Iwe, Upwe tou seni fonufan o feilo ren ewe Sam." Kot A wiliti Emon Mwan; ekkei kapas mi mecheres ra urawu eu let mi wesewesen amwarar.

Ekkei mettoch ra makketiw pwe repwe efisata lukuluk lon letipen emon aramas. Ewe kapas **luku** a pwä lap seni fan 100 lon ewe Poraus Allim me ren John. Ekkewe kapas **manaw esemwuch** ra pwä fan 35.

TETTELIN MASOUWEN EI PWUK:

I. LEPOPUTAN – Jesus A wiliti fituk, Sopwun 1:1-18

A. Ewe Kapas I Kot (w. 1-3)

B. Ewe Kapas A wiliti fituk (w. 14)

C. Ewe Kapas A pwäralo Kot (w. 18)

II. KAPASEN AKKOMW, Sopwun 1:19-51

A. An John ewe Sou-Papatais pwarata, 1:19-36

Jesus I ewe A wisen pwäralo Kot (w. 36); pwal I ewe A wisen Mönisefali aramas (w. 29)

B. An Andrew pwarata, 1:37-42)

Jesus I ewe Messiah (Kraist) (w. 41)

C. An Filip pwarata, 1:43-46

Jesus A apwonueta ewe Testamentin Lom (w. 45)

D. An Nathanael pwarata, 1:47-51

Jesus I ewe Noun Kot, ewe Kingen Israel (w. 49)

III. EKKEWE <u>ANGANG</u> ME EKKEWE <u>KAPAS</u> RA PWARATA ("esisil" 20:30, 31), Sopwun 2-12

A. Jesus A fiti ewe apwupwulu lon Kana (Aeuwin angang), 2:1-12

B. Jesus A limeti ewe imwenfel lon ewe fansoun
  Passofer lon Jerusalem (Aeuwin kapas), 2:13-22
  Jesus I ewe manawsefal (w. 22)

C. Jesus A kapas ngeni Nikodemus lon Jerusalem (Aruwen kapas), 2:23-3:36
  Jesus Epwe fokkun malo faniten tipisin fonufan (3:15)

D. Jesus A kapas ngeni ewe fefin unukun ewe chanuttu

2. Jesus A feito Jerusalem – A tolong fan kechiw, 12-19

3. Jesus A feito ren ekkewe chon Kris, 20-26

4. A tori An Jesus fansoun, 27-36

5. Jesus A tori lemwuchulon an fansoun angang lepwäpwälo, 37-50

IV. AN JESUS PWARATA NGENI NOUN KEWE CHON PWARATA, sopwun 13-17

An afalafal lon ewe rum mi nom asan

A. Jesus a tölu pechen ekkewe chon kaeo, 13:1-38

Iei eu liosun awewe a aiti ngeni kich met Kraist A fori fanitach lon ei fansoun iei

B. Jesus A aururu Noun kewe chon kaeo, 14:1-31

A esilei ngeniir usun ewe aruwen fansoun An Epwe feito

C. Jesus I ewe ira mi enlet; ekkewe chon kaeo ir ekkewe palan, 15:1-27

Och sokkun chiechi fengen mi fö

D. Jesus Epwe tinato ewe Ngun mi Fel, 16:1-33

Angangen ewe Ngun mi Fel

E. An ewe Samol iotek, 17:1-26

1. Jesus A iotek pwisin fanitan, 1-5

2. Jesus A iotek faniten Noun kewe chon kaeo, 6-19

3. Jesus A iotek faniten Noun mwichefel, 20-26

V. PWARATA NGENI FONUFAN, Sopwun 18-20

A. Jesus A arrest o tolong lon kapwung, 18:1-40

1. A arrest lon ewe tanipi Gethsemane; A kuna kapwung mwen mesen Annas, 1-14

2. Simon Peter a amaam Jesus ren ewe aeuwin fansoun, 15-18

3. Jesus A kuna kapwung mwen mesen ewe sou-

asor mi lap, 19-24

4. Simon Peter a amaam Jesus ren ewe aruwen fansoun, 25-27

5. Jesus A kuna kapwung mwen mesen Pilate, 28-40

B. An Jesus malo won ewe chuukun Golgotha; A peias lon peiasen Josef, 19:1-42

C. An Jesus manawsefal; A pwä ngeni Mary, ekkewe chon kaeo, me Thomas, 20:1-31

VI. KAPASEN KOSOPW – LING, Sopwun 21

Jesus mi chuen chok Kot mwirin An manawsefal.

Samolun mochenich – A emweni kich lon ach angang (w. 6)

Samolun letipach – popun ach sia angang ngeni I (w. 15-17)

Samolun ekiekich – sisap tongeni aani ewe kunetipingen "ese naf ai mirit" pwe sipwe tiwelo seni ewe angang (w. 22)

Sia pwal tongeni aimwufeseni ewe Kapas Allim me ren John lon ei sokkun lapalap:

John 1-12 SARAM

John 13-17 TONG

John 18-21 MANAW

John

Ewe Poraus Allim
me ren John

Ewe Kapas

1 Lepoputan A nom ewe Kapas, o ewe Kapas A non-nom ren Kot, o ewe Kapas I Kot. 2 I A nonnom lepoputan ren Kot.

Ken. 1:1

3 Mettoch meinisin ra för ren I, o lukun I esap wor och mettoch a för me lein ekkewe mettoch mi föruta. 4 Manaw a nonnom lon I, o ewe manaw iei ewe saramen aramas.

1 John 5:11

5 Iwe, ewe saram A tittin lon rochopwak, nge ewe rochopwak esap weweiti.

Ewe Enletin Saram

6 A wor emon mwan mi kunööto me ren Kot, itan John. 7 Ei mwan a feito pwe epwe emon chon pwarata, pwe epwe pwarata usun ewe Saram, pwe meinisin repwe luku pokiten i. 8 Esap i ena Saram, nge a ökunööto pwe epwe pwarata usun ena Saram. 9 Ina ewe enletin Saram A asarama iteiten aramas meinisin mi feito ngeni fonufan. 10 I A nonnom lon fonufan, o fonufan a för me ren, o fonufan esap silei I. 11 I A feito ren pwisin An, o pwisin An aramas resap etiwa I. 12 Nge ngeni ir meinisin mi etiwa I, A fang ngeniir ar pwuung pwe repwe wiliti Noun Kot, ngeni ir ekkewe mi luku lon itan: 13 ir ra up, sap won chaa, are won tipen fituk, are won tipen mwan, pwe won Kot.

Ewe Kapas A Wiliti Fituk

14 O ewe Kapas A wiliti fituk o A nonnom lefilach, o sia nengeni lingan, ewe ling An chok Noun ewe Sam Alaemon, A ur ren umoumöch me let. 15 John a pwarata usun I o a leuomongeta le kokko o apasa, "Iei I ewe Emon ua fen kapas usun, 'Ewe mi feito mwiri A lap seniei, pun I A fen nonnom me mwen ai usap mwo fis.'" 16 O kich meinisin sia fen etiwa masouwan mi unusen somwo-somwolo, pwal umoumöch fan-iten umoumöch. 17 Pun ewe alluk a tori kich ren Moses, nge umoumöch me let ra tori kich ren Jesus Kraist.

18 Ese wor mwo eu fansoun lupwen emon a kuna Kot. Ewe chok Alaemon, I ewe mi nonnom fan mwaramwarin ewe Sam, I A pwarata usun I.

Mwelien Emon A Kokko Lon Ewe Fonuapö

19 Iwe, iei met John a pwarata lupwen ekkewe chon Jews ra tinalo ekkoch sou-asor me re Levi seni Jerusalem pwe repwe eisini i, "En iö?"
20 I a pwarata o esap amaam, nge a pwarata, "Sap ngang ewe Kraist."
21 O ra eisini i, "Met chok? En Elijah?" I a apasa, "Sap ngang i." "En ewe Soufos?" O i a poluweni, "Apw."
22 Iwe, ra apasa ngeni i, "En iö, pwe am aipwe uwealo poluwan ngeni ekkewe mi tinikemeto. Met ka apasa usun en pwisin?"
23 I a apasa, "Ngang

'Mwelien emon a kokko lon ewe fonuapö: "Oupwe awenechara alen ewe SAMOL,"'
usun ewe soufos Isaiah a apasa."
Mal. 3:1
24 Iwe, chókewe mi feito ra kunööto seni ekkewe Farisi.

25 O ra eisini i o apasa, "Iwe, pwata chok ka fori angangen papatais ika esap en ewe Kraist, are Elijah, are ewe Soufos?"
26 John a poluweniir o apasa, "Ngang ua fori ewe angangen papatais ren kolik, nge Emon A ukkuta lefilemi, Emon ami ousap silei.
Mat. 3:11
27 "I ewe A feito mwiri, nge A lap seniei, ngang usap fich ngeni ai upwe epichi ririin ipwan sandal."
28 Ekkei mettoch ra fis me lon Bethabara pekilon Jordan, ikewe John a fori angangen papatais ie.

Ewe Lamen Kot

29 Lon ewe ran mwirin John a kuna An Jesus A feito ren, o a apasa, "Nengeni! Ewe Lamen Kot, ewe A uweialo tipisin fonufan!
1 Pet. 1:19 • Ais. 53:11
30 "Iei I ewe Emon ua fen kapas usun, 'Emon Mwan Epwe feito mwiri, Emon mi lap seniei, pun A fen nom me mwen ai usap mwo fis.'
Kol. 1:17, 18
31 "Ngang use silei I; nge iei popun ngang ua feito o fori angangen papatais ren kolik, pwe I Epwe pwäppwälo ngeni Israel."
32 O John a pwarata o apasa,

"Ngang ua kuna ewe Ngun A feitiw seni lang usun emon lisoom, o A nomolo won I.

Mat. 3:16

33 "Ngang usap silei I, nge ewe Emon mi tinieito pwe upwe fori ewe angangen papatais ren kolik A apasa ngeniei, "Iö ewe Ngun A feitiw won, o nonnomolo won, ina I ewe Emon Epwe fori angangen papatais ren Ngun Mi Fel.'

34 "O ngang ua fen kuna o pwarata pwe iei I ewe Noun Kot."

Ekkewe Chon Kaeo Mi Akkomw Mwer Meinisin

35 Pwal lon ewe ran mwirin, John a ukkuta ren ruomon noun kewe chon kaeo.

36 O lupwen a nengeni An Jesus fefetal, a apasa, "Nengeni ewe Lamen Kot!"

37 Ekkewe ruomon chon kaeo ra rong an kapas, o ra tapwelo mwirin Jesus.

38 Mwirin, Jesus A kulsefal, o A kuneer pwe ra tapweto mwirin, iwe, A apasa ngeniir, "Met oua kutta?" Ir ra ureni I, "Rapai" (wewen ei kapas, Sense), "ia Ka nonnom ie?"

39 I A apasa ngeniir, "Oupwe feito o nengeni." Ra feilo o nengeni ikeweia I A nonnom ie, o ra nonnom ren I lon ena ranin (pun a fen arap ngeni ewe *engolun awa).

[Ruu awa mwen lekuniol.]

40 Emon me lein ekkewe ruomon mi rong an John we fos, o tapwelo mwirin I, i Andrew, pwiin Simon Peter.

41 Atewe a akkomwen kutta pwisin pwiin we Simon, o apasa ngeni i, "Am aia kuna ewe Messiah" (wewen, ewe Kraist).

42 O I a emwenalo atewe ren Jesus. Iwe, lupwen Jesus A nengeni atewe, A apasa, "En Simon noun Jonah. En kopwe le iteni Sifas" (wewen, Efou Fau).

Mat. 16:18

Filip Me Nathanael

43 Lon ewe ran mwirin, Jesus A mochen feilo Kalili, o I A kuna Filip o apasa ngeni i, "Tapweto mwiri."

44 Iwe, Filip i seni Bethsaida, ewe telinimwen Andrew me Peter.

45 Filip a kuna Nathanael o a apasa ngeni i, "Am aia kuna Atewe Moses a makkei usun lon ewe pwuken alluk, me pwal ekkewe soufos ra makkei usun—

Jesus seni Nazareth, noun Josef we."   Deut. 18:18 • Mat. 2:23

46 O Nathanael a apasa ngeni i, "Epwe tufich pwe och mi mwirino epwe feito seni lon Nazareth?" Filip a apasa ngeni i, "Feito o nengeni."

47 Jesus A kuna Nathanael a feito ren, o A apasa usun i, "Nengeni, emon wesewesen re Israel, esap wor och otupwutup lon i!"

48 Nathanael a apasa ngeni I, "Ifa usun Om sileei?" Jesus A poluweni o apasa ngeni i, "Me mwen an Filip köruk, lupwen ka nom fan ewe iran fik, Ngang Ua kunok."

49 Nathanael a poluweni o apasa ngeni I, "Rapai, En ewe Noun Kot! En ewe Kingen Israel!"   Mat. 14:33 • Mat. 21:5

50 Jesus A poluweni o apasa ngeni i, "Pokiten Ai Ua apasa ngonuk, 'Ua kunok fan ewe iran fik,' iwe, ka luku? Kopwe le kuna mettoch mi lap seni ekkei."

51 O I A apasa ngeni atewe, "Enlet, enlet, Ua apasa ngeni kemi, mwirin ei ami oupwe le kuna lang epwe sukkulo, o ekkewe chon langin Kot repwe feitä o feitiw won ewe Noun Aramas."   Ken. 28:12; Mat. 4:11; Luke 2:9, 13

Eu Apwupwulu Lon Kana

2 Lon ewe aulungatin ran a fis eu apwupwulu lon Kana an Kalili, o inen Jesus we a nom ikenan.   Ipru 13:4 • Josh. 19:28

2 Iwe, Jesus me Noun kewe chon kaeo ra kö ngeni ewe apwupwulu.

3 O lupwen a itelo ewe wain, inen Jesus we A apasa ngeni I, "Ese wor unumer wain."

4 Jesus A apasa ngeni i, "Fefin, met wewei ngeni om osukosuk? Ese mwo tori Ai fansoun."

5 Inan we a ureni ekkewe chon angang, "Met chok I A ureni kemi, oupwe fori."

6 Iwe, a wor wonu waan kolik mi för seni fau ra nom ikeweia, faniten an ekkewe chon Jews öruni ren ar angangen limelim, eu me eu leir a tongeni masouweni ruwe ika ilik kalon.

7 Jesus A apasa ngeniir,"Oupwe ouralo ekkewe waan kolik ren kolik." O ra ourereta tori won wilikamer.

8 O I A apasa ngeniir, "Iei oupwe ufi och, o uwealo ren samolun ewe kametip." O ra uwealo.

9 Lupwen samolun ewe kametip a neni ewe kolik mi wiliti wain, o ese silei ia a feito me ie (nge ekkewe chon angang mi wisen ufi

ewe kolik ra silei), ewe samolun ewe kametip a kokkori ewe mwan chon apwupwulu sefo.

10 O a apasa ngeni atewe, "Aramas meinisin ra akkomwen isenawu ewe wain mi mwirino, o lupwen ekkewe wasola ra un o menemenöch, iwe, ra isenawu ewe ese koon nien mwirino. En ka fen amwochu ewe wain mi mwirino tori iei!"

11 Iei poputan me akkaewin esisil Jesus A fori me lon Kana an Kalili, o A pwaralo An ling; o Noun kewe chon kaeo ra luku lon I.

12 Mwirin ei, I A feitiw ngeni Kapernaum, I, inan we, pwiin kewe, me Noun kewe chon kaeo; o rese nonnom ikenan lon chommong ran. Mat. 12:46

Jesus A Limeti Ewe Imwenfel
13 Iwe, an ekkewe chon Jews we Passofer a arapeto, o Jesus A feita ngeni Jerusalem. Ex. 12:14
14 O A kuna me lon ewe imwenfel ekkewe ra amömö kou me siip me lisoom, pwal ekkewe chon ekkesiwil móni ra mommot.
Mark 11:15
15 Lupwen I A wes le piti efoch selin wichiwich seni saal mi

kukkun, I A asurelo meinisin lukun ewe imwenfel, fiti ekkewe siip me ekkewe kou, A pwal ninawu mónien ekkewe chon ekkesiwil móni o öluwekalo ekkewe chepel.

16 A pwal apasa ngeni ekkewe ra amömölo lisoom, "Oupwe uweialo ekkei mettoch! Ousap fori pwe imwen Semei epwe eu imwen amömö!"

17 Mwirin, Noun kewe chon kaeo ra chechemeni pwe a mak, "Ua kulo ren Ai ekitekit faniten imwom." Kol F. 69:9

18 Iwe, ekkewe chon Jews ra poluweni o apasa ngeni I, "Menni esisil Kopwe aiti ngeni kem, pokiten Om fori ekkei mettoch?"

19 Jesus A poluweni o apasa ngeniir, "Oupwe ataelo ei imwenfel, o Ngang Upwe öusefalieta lon ulungat ran."

20 Iwe, ekkewe chon Jews ra apasa, "Ei imwenfel a köuta lon ukukun faik me wonu ier, o En Kopwe öuweta lon ulungat ran?"

21 Nge I A kapas usun ewe imwenfelin inisin.
1 Kor. 3:16; 6:19; 2 Kor. 6:16
22 Iei minne, lupwen An A manawsefal seni malo, Noun kewe chon kaeo ra chechemeni

pwe I A fen apasa ei mettoch ngeniir, o ra luku Ewe Taropwe mi Pin pwal ewe kapas Jesus E apasa.   Luke 24:8

Jesus A Silei Aramas Meinisin

23 Iwe, lupwen I A nonnom lon Jerusalem lon ewe fansoun Passofer, lupwen a fis ewe fetellap, chommong ra luku lon Itan lupwen ra kuna ekkewe esisil I A fori.   Mark 16:20

24 Nge Jesus Ese pwisin alukuluk ngeniir, pun I A silei aramas meinisin,

25 o Esap osun an emon epwe pwarata ngeni I usun aramas, pun I mi silei minne mi nom lon aramas.

"Oupwe Upsefal"

3 A wor emon mwan me lein ekkewe Farisi itan Nikodemus, emon sou-nemenemen ekkewe chon Jews.

2 Ei mwan a feito ren Jesus lepwin o apasa ngeni I, "Rapai, sia silei pwe En Emon Sense mi feito seni Kot; pun ese wor emon a tongeni fori ekkei esisil En Ka fori, chilon chok ika Kot Epwe eti i."

3 Jesus A poluweni o apasa ngeni i, "Enlet, enlet, Ua apasa ngonuk, are emon esap upsefal, esap tongeni kuna ewe mwuun Kot."

                Kal. 6:15; 1 John 3:9

4 Nikodemus a apasa ngeni I, "Ifa usun an emon mwan epwe uputiw lupwen a chinlap? A tongeni tolong sefal lon an inan we leenien monukol fan aruwan o uputiw?"

5 Jesus A poluweni, "Enlet, enlet, Ua apasa ngonuk, are emon esap up ren kolik pwal ewe Ngun, esap tongeni tolong lon ewe mwuun Kot.   Mark 16:16; Fof. 2:38 • Tit. 3:5

6 "Minne a up me won ewe fituk i fituk, o minne a up me won ewe Ngun i ngun.

7 "Kosap nenneiruk pwe Ua apasa ngonuk, 'oupwe upsefal.'

8 "Ewe asapwal a enien ia chok a mochen, o en ka rongorong ungungun, nge kose tongeni silei ia a enito me ie pwal ia a enilo ie. A chok iei usun ren iteiten iö mi up ren ewe Ngun."

9 Nikodemus a poluweni o apasa ngeni I, "Ifa usun an ekkei mettoch ra tongeni tufich?"

10 Jesus A poluweni o apasa ngeni i, "En emon sense lon Israel, nge kosap silei ekkei mettoch?

11 "Enlet, enlet, Ua apasa ngonuk, Am Aia apasa minne Am Aia silei, o pwarata minne Am Aia fen kuna, o ami ouse etiwa minne Am Aia pwarata.

12 "Are Ngang Ua fen ureni kemi usun mettochun fonufan nge ami ousap luku, epwe ifa usun ami oupwe luku are Upwe ureni kemi usun mettochun lang?

13 "Ese wor emon a fen feitä lang, chilon chok ewe Emon A fen feitiw seni lang, ewe Noun Aramas mi nonnom lon lang.

14 "O usun chok an Moses we öurätä ewe serepenit me lon ewe fonuapö, epwe pwal iei chok usun ren ewe Noun Aramas Epwe köurutä,   Num. 21:9

15 "pwe iteiten iö mi luku I esap mä-feiengaw, nge epwe aani manaw esemwuch.

16 "Pun iei usun An Kot tongei fonufan, pwe A fangelo Noun we Alaemon, pwe iteiten iö mi luku I esap mä-feiengaw nge epwe aani manaw esemwuch.

Rom 5:8; 1 John 4:9

17 "Pun Kot Ese tinato Noun we lon fonufan pwe Epwe apwungu fonufan, nge pwe fonufan epwe kuna manaw lon I.

18 "Iö a luku lon I esap kuna kapwung; nge iö esap luku a fen kuna kapwung, pokiten ese luku lon iten Noun Kot we Alaemon.

19 "O iei ewe kapwung, pwe ewe saram a fen feito lon fonufan, nge aramas ra tongei rochopwak lap seni saram, pokiten ar kewe foffor ra ngaw.

20 "Pun iteiten iö mi fori foffor ingaw a opwut ewe saram o esap feito ngeni ewe saram, pwe an kewe foffor rete pwälo.

21 "Nge iö mi fori minne a let a feito ngeni ewe saram, pwe an kewe foffor repwe fatafatöch le pwäpwälo, pwe ra för lon Kot."

John Ewe Baptist A Etekiata Kraist

22 Mwirin ekkei mettoch, Jesus me Noun kewe chon kaeo ra feito lon ewe fonuen Judea, o I A nonnom rer ikenan o fori angangen papatais.

23 Iwe, John a pwal fori angangen papatais lon Aenon arap ngeni Salim, pun mi wor chommong kolik ikewe. O ra feito ren o ra papataiselo.   1 Sam. 9:4 • Mat. 3:5, 6

24 Pun John esap mwo koturulong lon kalapwus.

25 Mwirin, a fis eu wippin-fengen lefilen ekkoch noun John

kewe chon kaeo me ekkewe chon Jews usun ewe fofforun limelim.

26 Iwe, ra feito ren John o apasa ngeni i, "Rapai, ewe Emon mi nom reom pekilon ewe Jordan, ewe ka pwarata usun—nengeni, I A fori angangen papatais, o aramas meinisin ra kiito ren!"

27 John a poluweni o apasa, "Emon mwan esap tongeni etiwa och, chilon chok ika lang epwe ngeni.

28 "Pwisin ami nei chon pwarata, pwe ngang ua apasa, 'Sap ngang ewe Kraist,' nge, 'Ua ökunööto mwan.'   Mark 1:2; Luke 1:17

29 "Atewe mi wor ren ewe fin apwupwulu sefo, fen i ewe mwan chon apwupwulu sefo; nge chie-chien ewe mwan chon apwupwulu sefo mi uta o auselinga i, a pwapwa chapur ren mwelien ewe mwan chon apwupwulu sefo. Iei minne, ai ei pwapwa a unusöchulo.

30 "I Epwe lapelo, nge ngang upwe kisikisilo.

31 "Atewe mi feito seni asan A nom asen mettoch meinisin; ewe mi pop seni fonufan a sokkuni sokkun fonufan o a aani kapasen fonufan. Atewe mi feito seni lang A nom asen mettoch meinisin.

32 "O minne I A fen kuna o rongorong pwal ina met I A pwarata; o esap wor emon a etiwa minne I A pwarata.

33 "Iö a etiwa minne I A pwarata a alettata pwe Kot A let.

34 "Pun ewe Emon Kot A tinato A apasata An Kot kewe kapas, pun Kot Ese fangelo ewe Ngun ren aukuk.

35 "Ewe Sam A tongei ewe Nau, o A fangelong mettoch meinisin lepoun.   Luke 10:22

36 "Iö a luku lon ewe Nau a aani manaw esemwuch; nge iö esap luku ewe Nau esap kuna manaw, nge ewe songen Kot a nonnom won i."   1 John 5:10

Emon Fin Samaria A Kuna Ewe Messiah

4 Iwe, lupwen ewe Samol A silei pwe ekkewe Farisi ra fen rong pwe Jesus A angei o papataisi chommong chon kaeo lap seni John

2 (nge Jesus Ese pwisin fori ewe angangen papatais, pwe Noun kewe chon kaeo),

3 I A feilo seni Judea o A pwal liwinsefaliti Kalili.

4 Nge I A fokkun aucheani An Epwe pwer Samaria.

5 Iwe, A tori eu telinimwen Samaria a iteni Saikar, arapakan ngeni ewe kinikinin fonu Jakop a fangelo ngeni Josef noun we.

6 Iwe, ewe chanutuen Jakop a nom ikenan. Iwe, pokiten Jesus A fokkun mölulu ren An sai, A móttiw ren ewe chanutu. Ei ótun a orun ewe *awonuen awa.

[Engol me ruu leolowas.]

Ken. 33:19

7 Emon fin Samaria a feito pwe epwe ufi kolik. Jesus A apasa ngeni i, "Kopwe ngeniei och unumei."

8 Pun Noun kewe chon kaeo ra fen feilo lon ewe telinimw pwe repwe kamö mwongo.

9 Iwe, ewe fin Samaria a apasa ngeni I, "Ifa usun, En Emon chon Jews, nge Ka tungor unumwom seniei, emon fin Samaria?" Pun ekkewe chon Jews rese chiechi ngeni ekkewe chon Samaria.

10 Jesus A poluweni o apasa ngeni i, "Are kopwe silei ewe liffangen Kot, pwal Iö ei A apasa ngonuk, 'Kopwe ngeniei och unumei,' iwe, ita fen en kopwe tungor ngeni I, nge I Epwe le fen fang ngonuk kolik mi manaw."

11 Ewe fefin a apasa ngeni I,

"Maing, ese wor Om leenien ufuf, nge ewe chanutu mi alóllól. Ia Kopwe angei me ie ena kolik mi manaw? Pwar. 21:6; 22:17

12 "Ifa usun, Ka lap seni semem we Jakop, ewe a ngenikem ei chanutu, a pwal pwisin un seni, pwal noun kewe me fólenian kewe maan?"

13 Jesus A poluweni o apasa ngeni i, "Iteiten iö mi un seni ei kolik epwe kaka sefal,

14 "nge iteiten iö mi un seni ewe kolik Ngang Upwe fang ngeni i esap chuen kaka. Nge ewe kolik Ngang Upwe ngeni i epwe wiliti eu pwuachen kolik me lon i, mi pwuacheta ngeni manaw esemwuch."

15 Ewe fefin a apasa ngeni I, "Maing, Kopwe fang ngeniei ena kolik, pwe usap chuen kaka, are feito ikei ren ufuf."

Rom 6:23; 1 John 5:20

16 Jesus A apasa ngeni i, "Feilo, kokkori pwuluwom we, o feito ikei."

17 Ewe fefin a poluweni o apasa, "Ese wor pwuluwei." Jesus A apasa ngeni i, "Mi pwung om kapas, 'Ese wor pwuluwei,'

18 "pun a fen wor limon pwuluwom, o ewe emon mi

nonnom reom iei esap i pwuluwom; lon ena en ka kapas enlet.”

19 Ewe fefin a apasa ngeni I, “Maing, a kkin me wói pwe En Emon soufos.

20 “Semem kewe ra fel won ei chuuk, nge ami chon Jews oua apasa pwe Jerusalem chok ewe leeni ia aramas repwe fel ie.”

Souk. 9:7

21 Jesus A apasa ngeni i, “Fefin, kopwe lukuei, ewe fansoun epwe le feito lupwen ami ousap fel ngeni ewe Sam won ei chuuk, are lon Jerusalem.   Mal. 1:11

22 “Ami oua fel ngeni minne ousap silei; am aia silei minne am aia fel ngeni, pun manaw a pop seni chon Jews.

23 “Nge ewe fansoun epwe feito, o iei a fen war, lupwen ekkewe chon enletin fel repwe fel ngeni ewe Sam lon ngun me let; pun ewe Sam A kutta ei sokkun pwe repwe fel ngeni I.

24 “Kot I Ngun, o chókewe mi fel ngeni I repwe fel ngeni I lon ngun me let.”   2 Kor. 3:17

25 Ewe fefin a apasa ngeni I, “Ua silei pwe Messiah Epwe le feito” (ewe A iteni Kraist). “Lupwen Epwe feito, I Epwe ureni kich

mettoch meinisin.”

26 Jesus A apasa ngeni i, “Ngang I, ewe mi kakapas ngonuk.”

Ekkewe Malamal Ra Fen Pwechepwech Ren Ewe Ras

27 O lon ei fansoun Noun kewe chon kaeo ra feito, o ra nenneiruk pun I A kapas ren emon fefin; nge ese wor emon a apasa, “Met Ka kutta?” ika, “Pwata Ka kapas ren neminan?”

28 Ewe fefin a likitalo an we waan kolik, a feilo lon ewe telinimw, o a apasa ngeni ekkewe mwan,

29 “Ou feito, oupwe nengeni Emon Mwan mi fen ureniei mettoch meinisin minne ua fen fori. Epwe tufich pwe fen iei I ewe Kraist?”

30 Mwirin, ra tou seni ewe telinimw o ra feito ren I.

31 Lon ena fansoun, Noun kewe chon kaeo ra pesei I o apasa, “Rapai, Kopwe mwongo.”

32 Nge I A apasa ngeniir, “A wor enei mwongo ami ousap silei usun.”

33 Iwe, ekkewe chon kaeo ra kapas fengen lefiler, “A fen wor emon a uwato och ren pwe Epwe eni?”

34 Jesus A apasa ngeniir, "Iei enei mwongo, Ai fori letipen ewe Emon mi tinieito, me Ai awesi An angang.   6:38; 17:4; 19:30; Job 23:12

35 "Ifa usun, ami ousap apasa, 'A chuen chok wor ruanu maram o mwirin ewe fansoun ras epwe war'? Nengeni, Ngang Ua apasa ngeni kemi, oupwe sacheta o nengeni ekkewe malamal, pun ra fen pwechepwech ren ewe ras!

Mat. 9:37

36 "O emon chon kinikin a angei liwinin, o a ionifengeni uwa faniten manaw esemwuch, pwe ewe chon amora me ewe chon kinikin repwe tongeni pwapwa fengen.

Dan. 12:3

37 "Pun lon ei a let ewe mwiitun: 'Emon a amora, nge pwal emon a kinikin.'

38 "Ngang Ua tini kemilo pwe oupwe kini minne ami ouse angang ngeni; pwal ekkoch ra fen angang, nge ami oua tolong lon ar kewe angang."

Ewe Chon Amanawa Fonufan

39 O chommong me lein ekkewe chon Samaria seni ena telinimw ra luku lon I pokiten kapasen ewe fefin a pwarata, "I A ureniei mettoch meinisin minne ua fen fori."

40 Iwe, lupwen ekkewe chon Samaria ra feito ren I, ra tungor mamau ngeni I pwe Epwe nonnom rer; o I A nonnom ikenan ruu ran.

41 Iwe, a pwal wor chommong ra luku pokiten pwisin An kapas.

Ais. 42:1

42 Mwirin, ra apasa ngeni ewe fefin, "Iei am aia luku, sap pokiten met en ka apasa, pun am aia pwisin rong ngeni I, o aia silei pwe wesewesen iei I ewe Kraist, ewe Chon Amanawa fonufan."

1 John 4:14

Chon Kalili Ra Etiwa Jesus

43 Iwe, mwirin ekkewe ruu ran, I A feilo seni ikeweia o feilo ngeni Kalili.

44 Pun pwisin Jesus A pwarata pwe esap wor sufölun emon soufos lon pwisin fonuan.

45 Iwe, lupwen I A feito ngeni Kalili, ekkewe chon Kalili ra etiwa I, pun ra kuna ekkewe mettoch meinisin I A fen fori me lon Jerusalem lon fansoun ewe fetellap; pun ir ra pwal feilo fiti ewe fetellap.   2:23; 3:2 • Deut. 16:16

Jesus A Echikarata Noun Emon Nouwis Aat

46 Iwe, Jesus A pwal liwinsefaliti Kana an Kalili ikewe I E ewilielo ewe kolik ngeni wain me ie. O a wor emon nouwis mi wor emon noun aat mi samaw me lon Kapernaum.

47 Lupwen atewe a rong pwe Jesus A fen feito seni Judea ngeni Kalili, i a feilo ren o a tungor- mamau ngeni I pwe Epwe feitiw o echikarata noun we, pun a arap ngeni epwe malo.

48 Iwe, Jesus A apasa ngeni i, "Are ami aramas ousap kuna ekkewe esisil me ekkewe mettoch mi amwarar, iwe, ousap fokkun luku."

49 Ewe nouwis a apasa ngeni I, "Maing, Kopwe feitiw me mwen an nei we semirit epwe malo!"

50 Jesus A apasa ngeni i, "Kopwe feilo; noum we aat a manaw." Iwe ewe mwan a luku ewe kapas Jesus A apasa ngeni i, o a feilo won alan.

51 O lupwen i a chuen chok fefeitiw, noun kewe chon angang ra churi i o ra ureni i, o apasa, "Noum we aat a manaw!"

Kol F. 111:7; Ezek. 12:25

52 Mwirin, atewe a eisini ir ika ifa kulokun fansoun an a chikarsefal. O ir ra apasa ngeni i, "Nanew, lon ewe *efisuen awa ewe pwichikar a feilo seni i." [Kulok eu leolowas.]

53 Iwe, ewe sam a silei pwe iei chok pwal ewe kulok lupwen Jesus A apasa ngeni i, "Noum we aat a manaw." O i pwisin a luku, pwal unusen chon leimwan.

Fof. 11:14

54 Iei pwal ewe aruen esisil Jesus A fori lupwen A feito seni Judea ngeni Kalili.

Jesus A Echikarata Emon Mwan Orun Ewe Chaanitur A Iteni Bethesda

5 Mwirin ei, a fis eu fetellap an ekkewe chon Jews, o Jesus A feita ngeni Jerusalem.

2:13; Deut. 16:1

2 Iwe, mi wor eu chaanitur lon Jerusalem unukun ewe Asama- lapen Siip, a iteni Bethesda me lon kapasen Ipru, nge mi wor limu pwalangan.

3 A wor chommong aramas mi samaw, mi mesechun, mi mwen, mi mwok, ra kokkon lon ekkei leeni o ra witiwiti mwokutukutun ewe kolik.

4 Pun lon ekkoch fansoun emon chon lang a feitiw lon ewe chaanitur o a amwokutukutu ewe kolik; mwirin, iö chok epwe akkomw le ipwelong lon, mwirin amwokutukutun ewe kolik, a chikar seni met chok sokkun samaw i a aani.

5 Iwe, mi wor emon mwan a nom ikenan, a wor an samaw lon ukukun ilik me walu ier.

6 Lupwen Jesus A kuna atewe a kokkon ikenan, o A silei pwe a fansoun langatam an a chok ina usun, I A apasa ngeni atewe, "Ka mochen pwe kopwe chikar?"

Ipru 4:13

7 Ewe mwan mi samaw a poluweni I, "Maing, esap wor emon aramas rei epwe ekieilong lon ewe chaanitur lupwen ewe kolik a mwokutukut; nge lupwen ua chuen feito ren, pwal emon a akkomw mwei le ipwetiw lon.

8 Jesus A apasa ngeni i, "Uta, ekieta kiom na o fetal."

9 O lon ena chok otun ewe mwan a chikar, a ekieta kian, o a fetal. Nge ei ran ewe ranin Sapat.

Ais. 35:5, 6

10 Iei minne, ekkewe chon Jews ra apasa ngeni atewe mi chikar, "Ikenai ewe ranin Sapat; mi alluk om kopwe uwei kiom na."

11 Atewe a poluweniir, "Ewe Emon mi echikara-eita A apasa ngeniei, 'Ekieta kiom na o fetal.'"

12 Mwirin ra eisini i, "Iö na Mwan E apasa ngonuk, 'Ekieta kiom na o fetal'?"

13 Nge ewe emon mi chikar esap silei ika iön ewe, pun Jesus A fen feilo, pokiten mi wor eu pwiin aramas lon ena leeni.

14 Mwirin, Jesus A kuna atewe lon ewe imwenfel, o A apasa ngeni i, "Nengeni, en ka fen chikar. Kosap chuen fori tipis, pwe ete toruk pwal och mi ngaw lap seni ewe."

15 Ewe mwan a feilo o a ureni ekkewe chon Jews pwe Jesus ewe E echikarata i.

Suföliti Ewe Nau Usun Chok Ewe Sam

16 Ren ei popun ekkewe chon Jews ra eriafou Jesus, o kutta ar repwe nielo I, pokiten I A fori ekkei mettoch lon ewe ranin Sapat.

17 Nge Jesus A poluweniir, "Semei we A chok akangang tori iei, o Ngang Ua chok akangang."

9:4; 14:10

18 Iei minne ekkewe chon Jews ra alapalo ar kukkuta ar repwe nielo I, pun Ese chok atailo ewe Sapat,

nge A pwal apasa pwe Kot I Saman, o fori pwe I me Kot Ra chok löllö fengen.

7:19 • 10:30; Filip. 2:6

19 Mwirin, Jesus A poluweni o apasa ngeniir, "Enlet, enlet, Ua apasa ngeni kemi, ewe Nau Ese tongeni fori och won pwisin An, nge i met I A kuna ewe Sam A fori; pun met chok I A fori, pwal ina chok usun minne ewe Nau A fori.

20 "Pun ewe Sam A tongei ewe Nau, o A aiti ngeni I meinisin minne I A pwisin foffori; o Epwe aiti ngeni I sokkun foffor mi lap seni ekkei, pwe oupwe nenneiruk.

21 "Pun usun chok ewe Sam A amanawata ekkewe mi malo o A fang ngeniir manaw, pwal iei chok usun ewe Nau A fang manaw ngeni iön chok I A mochen.

22 "Pun ewe Sam Esap apwungu emon, nge A fen ewisa ngeni ewe Nau angangen kapwung meinisin,

23 "pwe meinisin repwe suföliti ewe Nau usun chok ar suföliti ewe Sam. Iö esap suföliti ewe Nau ese suföliti ewe Sam mi tiini I.

Manaw Me Kapwung Ra Feito Seni Ewe Nau

24 "Enlet, enlet, Ua apasa ngeni kemi, iö mi rong Ai kapas o luku lon ewe Emon mi tiniei a aani manaw esemwuch, o esap tolong lon kapwung, nge a fen feilo seni malo ngeni manaw.

25 "Enlet, enlet, Ua apasa ngeni kemi, ewe fansoun epwe feito, o iei a fen war, lupwen ekkewe mi malo repwe rong mwelien ewe Noun Kot; nge chókewe mi rong repwe manaw.   Kol. 2:13

26 "Pun usun chok ewe Sam A wor manaw lon pwisin I, iei usun A fen fang ngeni ewe Nau pwe epwe wor manaw lon pwisin I,

27 "A pwal fang ngeni I neme-nem pwe I Epwe wisen aani kapwung, pokiten I ewe Noun Aramas.

28 "Ousap nenneiruk ren ei, pun ewe fansoun epwe feito lupwen meinisin ir mi nom lon ekkewe peias repwe rong mongungun

29 "o repwe tou—ekkewe ir mi fori mwirino ngeni ewe manaw-sefalietan manaw, o ekkewe ir mi fofforingaw ngeni ewe manaw-sefalietan kapwung."

30 Ngang Use tongeni fori och seni pwisin Ngang. Usun Ai rong,

pwal iei chok usun minne Ua aani kapwung; o Ai kapwung a pwung, pokiten Ngang Usap kutta pwisin letipei pwe letipen ewe Sam mi tinieito. 4:34, 6:38; Mat. 26:39

Ekkewe Ruanu Peekin Chon Pwarata Faniten Jesus

31 "Are Upwe pwarata usun pwisin Ngang, Ai pwarata esap let.

32 "A pwal wor Emon A pwarata usi, o Ua silei pwe ewe pwarata minne I A pwarata usi a let.

33 "Ami oua fen tiitilo ren John, o i a fen pwarata usun ewe let.

34 "Nge Ngang Usap etiwa an aramas pwarata, nge Ua apasata ekkei mettoch pwe ami oupwe tongeni kuna manaw.

35 "I ewe lamp mi nget o tittin, o lon ekis fansoun ami oua mochen pwapwa lon an saram.

2 Pet. 1:19 • Mark 6:20

36 "Nge mi wor rei och pwarata mi lap seni ewe an John; pun ekkewe angang ewe Sam A ngeniei pwe Ngang Upwe awesiirelo–ekkei angang Ngang Ua fori–ra pwarata usi, pwe ewe Sam A tinieito. 1 John 5:9

37 "O pwisin ewe Sam, ewe A tinieito, A fen pwarata usi. Esap

wor mwo eu fansoun lupwen ami oupwe rong mwelian, are kuna lapalapan. 6:27; 8:18 • Deut. 4:12

38 "Nge An kapas esap nonnom lómi, pun ami ousap luku ewe Emon I A tinato.

39 "Ami oua kuttafichi lon Ekkewe Taropwe Mi Pin, pun oua ekieki pwe oua aani manaw esemwuch me lór; nge ikei ekkewe ra pwarata usi.

40 "Nge ami ousap mochen feito rei pwe oupwe aani manaw.

41 "Usap angei ling seni aramas.

w. 34

42 "Nge Ngang Ua silei kemi, pwe ami ousap aani ewe tongen Kot lómi.

43 "Ngang Ua feito lon iten Semei, o ami ousap etiwaei; are pwal emon epwe feito lon pwisin itan, ami oupwe etiwa i.

44 "Epwe ifa usun ami oupwe tongeni luku, ami kana mi angei ling seni pwisin lefilemi, nge ousap kutta ewe ling mi feito seni ewe Emon chok Kot? 12:43

45 "Ousap fen ekieki pwe Ngang Upwe oturu kemi ren ewe Sam; a wor emon mi okkoturu kemi— Moses, ewe ami oua lukuluk lon.

46 "Pun ika oua luku Moses, iwe, oupwe pwal lukuei, pun i a

makkei usi.

47 "Nge are ousap luku makkeian kewe, epwe ifa usun ami oupwe luku Ai kei kapas?"

Amwongoun Ekkewe Limu Ngerou

6 Mwirin ekkei mettoch Jesus A feilo pekilon ewe noomwun Kalili, iei ewe Matawen Taipirius.

2 Mwirin, eu watten mwichen aramas ra tapwelo mwirin, pokiten ra kuna An kewe esisil I A fori ren ekkewe mi samaw.

3 O Jesus A feita won ewe chuuk, o A mommot ikeweia ren Noun kewe chon kaeo.

4 Iwe ewe Passofer, eu fetellap an ekkewe chon Jews, a chok arapoto.

5 Mwirin, Jesus A neta, o lupwen A kuna eu watten mwichen aramas ra feito ren, I A apasa ngeni Filip, "Ia sipwe le kamö me ie pilawa pwe ekkei aramas repwe tongeni mwongo?"

6 Nge I A apasa ei pwe Epwe sotuni atewe, pun I pwisin A fen silei met Epwe le fori.

7 Filip a poluweni I, "Ruopuku tenari faniten mön pilawa esap naf ren an emon me emon leir epwe chok angei ekis."

8 Emon me lein Noun kewe chon kaeo, Andrew, pwiin Simon Peter, a apasa ngeni I,

9 "Mi wor emon aat ikei a wor ren limefou foun pilawa parli me ruomon kukkun iik, nge epwe ifa lamoten ekkei ren chommongun ekkana aramas?"   2 Ki. 4:43

10 Mwirin, Jesus A apasa, "Oupwe amóttiwa ekkewe aramas." Iwe, mi wor chommong fetil lon ewe leeni. Iwe, ekkewe mwan ra móttiw, iteiter ina repwe arap ngeni limu ngerou.   Mark 6:39 • Mat. 14:21

11 O Jesus A angei ekkewe foun pilawa, o lupwen I A wes le iotekin kilisou, I A einetiir ngeni ekkewe chon kaeo, o ekkewe chon kaeo *ra einetiir* ngeni ekkewe mi mommot; pwal usun chok ren ekkewe iik, ukukun ar mochen.

12 Iwe, lupwen ra mötulo, I A apasa ngeni Noun kewe chon kaeo, "Oupwe ioni fengeni ekkewe lussukisin, pwe esap wor och epwe solapelo."

13 Iei minne ra ionifengeniir, o amasowälo engol me ruu chuk seni lussukisin ekkewe limefou pilawa parli, lussun enen ekkewe ir mi mwongo.

14 Mwirin, lupwen ekkana mwan ra kuna ewe esisil Jesus A fori, ra

apasa, "Wesewesen iei I ewe Sou-
fos Epwe feito ngeni fonufan."

Jesus A Fetal Won Mataw
15 Iei minne lupwen Jesus A kuna
pwe ekis ngeni chok iwe repwe le
feito o angei I fan pochokul pwe
repwe seikätä I pwe Epwe King, I
A feilo sefal ngeni ewe chuuk I
akkalaemonulo chok.
16 Iwe, lupwen a tori lekuniol,
Noun kewe chon kaeo ra feitiw
aroseet,   Mat. 14:23
17 ra töta won ewe waa, o sailo
lemataw ngeni Kapernaum. O a
fen rochopwakelo, nge Jesus Esap
mwo feito rer.
18 Mwirin, ewe mataw a nónóta
pun eu asapwal mi lapalap a
enien.
19 Iwe lupwen ra fen fotul lon
ukukun ulungat ika ruanu mail, ra
kuna Jesus A fetal won ewe
mataw o A arap ngeni ewe waa;
iwe, ra nuokus.
20 Nge I A apasa ngeniir, "Ngang
Ei; ousap nuokus."
21 Mwirin, ra pwapwa le etiwätä I
won ewe waa, o lon ena chok
otun, ewe waa a ile ngeni ewe
fonu ra feilo ngeni.

Ewe Pilawa Seni Lang
22 Lon ewe ran mwirin, lupwen
ekkewe aramas mi ukkuta epek
ewe noom ra kuna pwe ese chuen
wor waa e nom, chilon chok ewe
efoch Noun kewe chon kaeo ra
töta won, pwal pwe Jesus Esap
töta won ewe waa ren Noun kewe
chon kaeo, nge Noun kewe chon
kaeo ra fen feilo won pwisin ar–
23 nge, mi wor ekkoch waa ra
feito seni Taipirios, arap ngeni
ewe leeni ikeweia ra mwongo ie
ewe pilawa mwirin An ewe Samol
E iotekin kilisou—
24 iei minne, lupwen ekkewe
aramas ra kuna pwe Jesus Esap
nom ikeweia, are Noun kewe
chon kaeo, ir ra pwal töta won
ekkoch waa o ra saito ngeni
Kapernaum, pun ra kutta Jesus.
25 O lupwen ra kuna I me epek
ewe noom, ra apasa ngeni I,
"Rapai, inet Ka feito ikei?"
26 Jesus A poluweniir o apasa,
"Enlet, enlet, Ua apasa ngeni
kemi, ami oua kuttaei, esap
pokiten ami kuna ekkewe esisil,
nge pokiten oua mwongo seni
ekkewe foun pilawa o mötulo.
27 "Ousap angang faniten ewe
mwongo epwe ngawelo, nge
faniten ewe mwongo mi non-

nomolo ngeni manaw esemwuch, minne ewe Noun Aramas Epwe ngeni kemi, pokiten Kot ewe Sam A fen anomu An we sitaam won I."

28 Mwirin, ra apasa ngeni I, "Met aipwe fori, pwe aipwe tongeni fori ekkewe angangen Kot?

29 Jesus A poluweni o apasa ngeniir, "Iei ewe angangen Kot, pwe oupwe luku ewe Emon I A fen tinato."   Fof. 10:35

30 Iei minne ra apasa ngeni I, "Iwe, menni esisil Kopwe fori, pwe aipwe kuna o lukuk? Met angang En Kopwe fori?

31 "Semem kewe ra mwongo ewe manna lon ewe fonuapö; usun a mak, 'I A ngeniir pilawa seni lang pwe repwe mwongo.'"

Ex. 16:15 • Kol F. 78:24

32 Mwirin, Jesus A apasa ngeniir, "Enlet, enlet, Ua apasa ngeni kemi, Moses ese ngeni kemi ewe pilawa seni lang, nge Semei we A fang ngeni kemi ewe enletin pilawa seni lang.

33 "Pun ewe pilawa seni Kot iei I ewe Emon mi feitiw seni lang o fangelo manaw ngeni fonufan."

34 Mwirin ra apasa ngeni I, "Samol, Kopwe ngenikem ei pilawa fansoun meinisin."   4:15

35 O Jesus A apasa ngeniir, "Ngang ewe pilawan manaw. Iö mi feito rei esap chuen echik, o iö mi luku lói esap chuen kaka.

w. 48, 58 • 4:14; 7:37

36 "Nge Ngang Ua apasa ngeni kemi pwe oua fen kunaei nge ousap luku.

37 "Meinisin minne ewe Sam A fang ngeniei repwe feito rei, o ewe mi feito rei Ngang Usap fokkun poutalo lukun. w. 45 • 10:28

38 "Pun Ngang Ua feitiw seni lang, sap ren Ai Upwe fori pwisin letipei, nge i letipen ewe Emon mi tinieito.

39 "Iei letipen ewe Sam mi tinieito, pwe meinisin minne I A ngeniei, esap poutulo och seniei, nge Upwe amanawata lon ewe sopwolon ran.

40 "O iei letipen ewe Emon mi tinieito, pwe meinisin mi kuna ewe Nau o luku lon I epwe aani manaw esemwuch; o Ngang Upwe amanawata i lon ewe sopwolon ran."   11:24; 12:48

Ekkewe Chon Jews Ra Pöppöni Jesus

41 Iwe, ekkewe chon Jews ra ngunungunu I, pokiten I A apasa, "Ngang ewe pilawa mi feitiw seni

lang."

42 O ra apasa, "Esap iei I Jesus, ewe noun Josef, oukich sia silei seman me inan? Iwe, ifa usun An apasa, "Ngang Ua feitiw seni lang'?"   Mark 6:3

43 Iei minne Jesus A poluweni o apasa ngeniir, "Ousap ngunu-ngun fengen lefilemi.

44 "Ese wor emon epwe tongeni feito rei chilon chok ika ewe Sam mi tinieito Epwe paanato i; o Ngang Upwe amanawata i lon ewe sopwolon ran.   w. 65

45 "A mak lon ekkewe pwuken soufos, 'O repwe kait me ren Kot.' Iei minne, iteiten aramas meinisin mi rong o kaeo seni ewe Sam epwe feito rei.

46 "Esap pwe emon a fen kuna ewe Sam, chilon chok Atewe mi feito seni Kot; I A fen kuna ewe Sam.

47 "Enlet, enlet, Ua apasa ngeni kemi, iö mi luku lói a aani manaw esemwuch.

48 "Ngang ewe pilawan manaw.

49 "Sememi kewe ra mwongo ewe manna lon ewe fonuapö, o ir ra malo.

50 "Iei ewe pilawa mi feitiw seni lang, pwe emon epwe tongeni mwongo seni o esap malo.

51 "Ngang ewe pilawa mi manaw mi feitiw seni lang. Are emon epwe mwongo seni ei pilawa, i epwe manaw feilfeilo chok; o ewe pilawa minne Ngang Upwe le fangelo, iei fitukei, minne Upwe le fangelo faniten manawen fonu-fan."

52 Iei minne ekkewe chon Jews ra anini fengen lefiler o apasa, "Epwe ifa usun An Ei Mwan Epwe ngeni kich fitukan pwe sipwe mwongo?"   7:43; 9:16; 10:19

53 Mwirin Jesus A apasa ngeniir, "Enlet, enlet, Ua apasa ngeni kemi, are ousap mwongo fituken ewe Noun Aramas o unumi chaan, esap wor manaw lómi.

54 "Iö mi mwongo fitukei o unu-mi chaai a aani manaw esemwuch, o Ngang Upwe amanawata i lon ewe sopwolon ran.
    w. 39, 40, 44; 11:24

55 "Pun fitukei iei ewe enletin mwongo, o chaai iei ewe enletin minnen un.

56 "Iö a äni fitukei pwal unumi chaai a nonnom lon Ngang, o Ngang lon i.

57 "Usun chok ewe Sam mi manaw A tinieito, o Ngang Ua manaw pokiten ewe Sam, epwe pwal iei usun ren ewe mi äni

Ngang epwe manaw pokitei.

58 "Iei ewe pilawa mi feitiw seni lang—esap usun an sememi kewe ra mwongo ewe manna, o ra malo. Iö mi mwongo ei pilawa epwe manaw feilfeilo chok."

59 I A apasa ekkei mettoch lon ewe sinakok lupwen A afalafal lon Kapernaum.

Chommong Ekkewe Chon Kaeo Ra Likitalo Jesus

60 Iei minne chommong me lein Noun kewe chon kaeo, lupwen ra rong ei, ra apasa, "Iei eu kapas mi weires; iö epwe tongeni weweiti?"

61 Lupwen Jesus A silei lon pwisin letipan pwe Noun kewe chon kaeo ra ngunungun usun ei, I A apasa ngeniir, "Oua chepetek ren ei?

62 "Iwe, met chok are oupwe kuna ewe Noun Aramas An Epwe feita ikewe A fen nonnom ie me mwan?

63 "Ewe Ngun, I ewe A fang manaw; ewe fituk esap lamot faniten och mettoch. Ekkewe kapas Ngang Ua apasa ngeni kemi, ir ngun, o pwal ir manaw.

64 "Nge mi wor ekkoch leimi ousap luku." Pun Jesus A silei seni chok lepoputan iö kana resap luku, pwal iö epwe afangamä I.

w. 36 • 2:24, 25

65 O I A apasa, "Iei popun Ngang Ua fen apasa ngeni kemi pwe esap wor emon epwe tongeni feito rei chilon chok ika epwe mwumwutä ngeni me ren Semei."

w. 44

66 Seni ena fansoun, chommong lein Noun kewe chon kaeo ra liwinsefal o rese chuen fiti I le fetal.

67 Mwirin, Jesus A apasa ngeni ekkewe engol me ruomon, "Ami oua pwal mochen feilo?"

68 Nge Simon Peter a poluweni I,"Samol, iö am aipwe feilo ren? En Ka aani ekkewe kapasen manaw esemwuch.   Fof. 5:20

69 "Am aia pwal luku o silei pwe En ewe Kraist, Noun ewe Kot mi manaw."

70 Jesus A poluweniir, "Ifa usun, sap pwisin Ngang Ua fili kemi ami kewe engol me ruomon, nge emon me leimi i emon tefil?"

Luke 6:13

71 I A kapas usun Judas Iskariot, noun Simon we, pun i ewe epwe afangamä I, nge i emon me lein ekkewe engol me ruomon.

Pwiin Jesus Kewe Ra Lukulukumang

7 Mwirin ekkei mettoch, Jesus A fetal lon Kalili; pun Ese mochen fetal lon Judea, pokiten ekkewe chon Jews ra kutta ar repwe nielo I.   5:16, 18

2 Iwe, an ekkewe chon Jews we Fetellapen Likachooch a chok arapoto.   Lev. 23:34

3 Iei minne, pwiin kewe ra apasa ngeni I, "Feilo seni ikei o feilo lon Judea, pwe Noum kewe chon kaeo repwe pwal tongeni kuna ekkewe foffor En Ka fori.

                    Mat. 12:46; Mark 3:31; Fof. 1:14

4 "Pun ese wor emon a fori och mettoch le monomon, lupwen i pwisin a mochen pwe epwe sil le pwäppwälo. Are Ka fori ekkei mettoch, Kopwe pwisin pwär-ukelo ngeni fonufan."

5 Pun pwisin pwiin kewe mwo nge resap luku I.   Mark 3:21

6 Mwirin, Jesus A apasa ngeniir, "Ai we fansoun esap mwo war, nge ami fansoun mi chok mollota fansoun meinisin.

7 "Fonufan esap tongeni opwut ami, nge a opwut Ngang pokiten Ngang Ua pwarata usun pwe an kewe foffor ra ingaw.   15:19 • 3:19

8 "Ami oupwe feitä ngeni ei fetellap. Ngang Usap mwo feitä ngeni ei fetellap, pun Ai we fansoun esap mwo unusen wareto."

9 Lupwen I A wes le apasa ekkei mettoch ngeniir, I A chok nomolo lon Kalili.

Jesus Lon Ewe Fetellapen Likachooch

10 Nge mwirin an pwiin kewe ra fen feita, iwe, I A pwal feitä ngeni ewe fetellap, esap le pwäppwälo, nge fen usun pwe le monomon chok.

11 Mwirin, ekkewe chon Jews ra kutta I lon ewe fetellap, o apasa, "Ifa I Atewe?"

12 O a lap an ekkewe aramas ngunungun lefiler usun I. Ekkoch ra apasa, "I mi mwirino"; pwal ekkoch ra apasa, "Apw, nge A otupwu ekkewe aramas."

13 Nge ese wor emon a kapas usun I le pwäppwälo pun ra nuokusiti ekkewe chon Jews.

                    9:22; 12:42; 19:38

14 Iwe, arap ngeni lukalapen ewe fetellap, Jesus A feita lon ewe imwenfel o esikuul.

15 O ekkewe chon Jews ra nenneiruk o apasa, "Ifa usun An ei Mwan A silei mesen mak, nge

Ese fen kaeo?"

16 Jesus A poluweniir o apasa, "Ai kait esap pwisin Ai, pwe An Atewe mi tinieito.

17 "Are emon a mochen fori letipan, epwe silei usun ewe kait, ika a feito seni Kot are ika Ngang Ua kapas won pwisin Ai tufich.

8:43

18 "Ewe mi pwisin kapas a kutta pwisin lingan; nge Atewe mi kutta lingen ewe Emon mi tinato I A let, o esap wor pwungingaw lon I.

19 "Ifa usun, sap Moses ewe a ngeni kemi ewe alluk, nge esap wor emon leimi a tumwunu ewe alluk? Pwata oua kutta pwe oupwe nieilo?   Fof. 7:38 • Mat. 12:14

20 Ekkewe aramas ra poluweni o apasa, "Mi wor emon *timon wóm. Iö a kutta pwe epwe nikelo?"   [Ngun mi limengaw.]

21 Jesus A poluweni o apasa ngeniir, "Ngang Ua fori eu foffor, o ami meinisin oua weitifengen.

22 "Ina popun Moses a ngeni kemi ewe angangen sirkumsais (esap pwe a feito seni Moses, pwe seni ekkewe samalap), o ami oua sirkumsaisi emon mwan won ewe Sapat.   Lev. 12:3 • Ken. 17:10

23 "Are emon mwan a angei ewe angangen sirkumsais won ewe ranin Sapat, pwe ete ta ewe allukun Moses, ifa usun, oua song rei pokiten Ngang Ua unusen apöchökkulätä emon mwan won ewe Sapat?

24 "Ousap apwungu ren lapalapan me lukun, nge oupwe apwungu ren kapwung mi pwung." James 2:1

"Fokkun Iei I Ewe Kraist?"

25 Iwe, ekkoch me lein chókewe seni Jerusalem ra apasa, "Esap iei I Atewe ra kutta ar repwe nielo?

26 "Nge nengeni! I A pworacho le kapas, o rese apasa och ngeni I. Ifa usun, ekkewe sou-emwen ra wesewesen silei pwe fokkun iei I ewe Kraist?   w. 48

27 "Nge, sia silei ia ei Mwan A feito me ia; nge lupwen ewe Kraist Epwe war, esap wor emon epwe silei ia I A feito me ia."

Mark 6:3; Luke 4:22

28 Mwirin, Jesus A osomong le kokko, lupwen A akaiti lon ewe imwenfel, o apasa, "Ami oua sileei, oua pwal silei ia Ngang Ua feito me ia; o Ngang Use feito seni pwisin letipei, nge ewe Emon mi tinieito A let, I ewe ami ousap silei.   8:14 • Rom 3:4

29 "Nge Ngang Ua silei I, pun

Ngang Ua feito seni I, o I A tinieito."

30 Iei minne ra kutta ar repwe *turufi I; nge esap wor emon a iseta efoch poun won, pokiten An we fansoun esap mwo war.

[Arresini I.]

31 O chommong me lein ekkewe aramas ra luku I, o apasa, "Lupwen ewe Kraist Epwe war, ifa usun, Epwe fori chommong esisil lap seni ekkewe ei Mwan A fen fori?"   Mat. 12:23

Jesus Me Ekkewe Meilapen Lamalam

32 Ekkewe Farisi ra rong an ewe pwiin aramas ra mongunungun le apasa ekkei mettoch usun I, o ekkewe Farisi me ekkewe samol-un sou-asor ra tinalo ekkoch chon mas pwe repwe angei I.

33 Mwirin, Jesus A apasa ngeniir, "Ngang Upwe nonnom remi pwal ekis chok fansoun, o mwirin Upwe feilo ren Atewe mi tinieito.

13:33

34 "Oupwe kuttaei nge ousap kunaei, o ikewe Ngang Upwe nonnom ie, ami ousap tongeni feito."

35 Mwirin, ekkewe chon Jews ra kapas fengen lefiler, "Ia Epwe feilo ie pwe sisap kuna I? Epwe feilo ngeni ekkewe mi toropasfeil lein ekkewe chon Kris o akaiti ekkewe chon Kris?

36 "Met ei I A apasa, 'Oupwe kuttaei nge ousap kunaei, o ia Ngang Upwe nonnom ie ami ousap tongeni feito'?"

Ewe Pwon Usun Ewe Ngun Mi Fel

37 Lon ewe omwuchulon ran, ena ranin ewe fetellap mi lapalap, Jesus A uta o A osomong le kok-ko, o apasa, "Are emon a kaka, epwe feito rei o un.   Ais. 55:1

38 "Iö mi luku lói, usun Ewe Taropwe Mi Pin a apasa, chan-pwupwun kolik mi manaw repwe pwuwu seni lon letipan."

Deut. 18:15

39 Nge I A apasa ei faniten ewe Ngun, chókewe mi luku I repwe le etiwa; pun ewe Ngun mi Fel Esap mwo fangoto, pokiten Jesus Esap mwo lingelo.

I Iö?

40 Iei minne, lupwen chommong me lein ekkewe aramas ra rong ei kapas, ra apasa, "Enlet, iei I ewe Soufos."   Deut. 18:15

41 Pwal ekkoch ra apasa, "Iei I

ewe Kraist." Nge ekkoch ra apasa, "Ifa usun, ewe Kraist Epwe feito seni Kalili?

42 "Ifa usun, Ewe Taropwe Mi Pin esap apasa pwe Kraist Epwe feito seni mwirimwirin David pwal seni ewe telinimwen Bethlehem, ikewe David a nonnom ie?"

43 Iei minne, a fis tipefesen lefilen ekkewe aramas pokiten I.   w.12

44 Iwe, ekkoch leir ra mochen turufi I, nge ese wor emon a iseta pour won I.   w.30

Ekkewe Meilap Ra Pöppöni Jesus

45 Iwe, ekkewe chon mas ra feito ren ekkewe samolun sou-asor me ekkewe Farisi, nge ra apasa ngeniir, "Pwata ousap lukeato Atewe?"

46 Ekkewe chon mas ra poluweni, "Ese wor emon mwan a fen kapas usun ei Mwan!"

47 Mwirin, ekkewe Farisi ra poluweniir, "Oua pwal tupwuta?

48 "Ifa usun, mi wor emon me lein ekkewe sou-nemenem are ekkewe Farisi a fen luku lon I?

49 "Nge ei pwiin aramas resap silei ewe alluk ra anumamaw."

50 Nikodemus (atewe mi feito ren Jesus lepwin, i emon leir) a apasa

ngeniir,   3:2; 19:39

51 "Ifa usun, ach alluk a apwungu emon mwan me mwen an esap mwo auseling ngeni o silei minne a fori?"

52 Ra poluweni o apasa ngeni i, "Pwal en emon seni Kalili? Kopwe kuttafichi o nennengeni, pun esap wor emon soufos epwe uta seni lon Kalili."   Ais. 9:1, 2

Emon Fin Lisou A Ü Mwen Ewe Saramen Fonufan

53 O iteiten emon me emon leir a feilo ngeni en me pwisin imwan.

8 Nge Jesus A feilo ngeni ewe chuukun Olif.

2 Iwe, lesosorusich I A pwal feito sefal lon ewe imwenfel, o ekkewe aramas meinisin ra feito ren; o I A móttiw o A esikuuler.

3 Mwirin, ekkewe soumak me ekkewe Farisi ra lukeato ren emon fefin ra sereni lupwen an lisou. O lupwen ra anomu neminewe lefiler,

4 ra apasa ngeni I, "Sense, aia liapeni neminei lupwen an lisou, wesewesen leponen an foffori.

5 "Iwe, lon ewe alluk, Moses a alluku ngeni kich pwe ei sokkun aramas epwe mómón fau ngeni. Nge met En Ka apasa?"

6 Ra apasa ei pwe repwe sotuni I, pwe epwe wor och mettoch minne repwe tongeni ettipisi I ren. Nge Jesus A pworotiw o A makkei lon ewe pwul ren öutun poun, ita usun nge Ese rongorong.

7 Iwe, lupwen ra sopwelo le kapas eis ngeni I, I A weneta o apasa ngeniir, "Iö leimi esap wor an tipis, i epwe akkomw le mónei efou fau ngeni i." Rom 2:1

8 O I A pwal pworotiw sefal o A makkei lon ewe pwul.

9 Mwirin, ekkewe ra rongorong ei, a mengiringir letiper, o ra tou, emon tapw mwirin emon, poputa seni ekkewe mi watte tori ewe omwuchulon. O Jesus chok A chuen nom, nge ewe fefin a uta lukalapen ewe leeni.

10 Lupwen Jesus A weneta Esap chuen kuna emon nge ewe fefin chok, iwe, A apasa ngeni neminewe, "Fefin, ikkefa ir ekkana chon ettipisuk? Ifa usun, esap wor emon a apwunguk?"

11 Neminewe a apasa, "Esap wor emon, Samol." O Jesus A apasa ngeni i, "Ngang Usap pwal apwunguk; kopwe feilo nge kosap chuen fori tipis."

3:17; Luke 9:56 • 5:14

12 Mwirin, Jesus A pwal kapas sefal ngeniir, o apasa, "Ngang ewe saramen fonufan. Iö mi tapweto mwiri esap fetal lon rochopwak, nge epwe aani ewe saramen manaw." 1:4

Jesus A Penätä Minne I A Pwarata Usun Pwisin I

13 Iei minne, ekkewe Farisi ra apasa ngeni I, "En Ka pwisin pwarata usum; Om pwarata esap let."

14 Jesus A poluweni o apasa ngeniir, "Ika mwo Upwe pwisin pwarata usi, Ai pwarata a let, pun Ua silei ian Ua feito me ia pwal ian Upwe le feilo ia; nge ami ousap silei ian Ngang Ua feito me ia pwal ian Upwe le feilo ia. 7:28

15 "Ami oua apwungu ren fituk; Ngang Usap apwungu emon. 7:24

16 "Nge are Ngang Upwe apwungu, Ai apwung a let; pun Ngang Usap alaemonulo, nge Ua nom ren ewe Sam mi tinieito.

17 "Mi pwal mak lon ami alluk pwe an ruomon aramas pwarata a let. Deut. 17:6

18 "Ngang Emon chon pwarata usi, o ewe Sam mi tinieito A pwarata usi."

19 Mwirin, ra apasa ngeni I, "Ifa I Semom?" Jesus A poluweni, "Ami ouse sileei are Semei. Ika oupwe sileei, iwe, oupwe pwal silei Semei we." 16:3

20 Jesus A apasa ekkei kapas me lon ewe leenien iseis móni, lupwen A akaiti lon ewe imwenfel; o esap wor emon a iseta poun won, pun An we fansoun esap mwo war.

Mark 12:41 • 7:30 • 7:8

21 Mwirin, Jesus A pwal apasa ngeniir, "Ngang Upwe le feilo, o ami oupwe kuttaei, o oupwe malo lon ami tipis. Ami ousap tongeni feito ia Ngang Upwe le feilo ie."

7:34; 13:33 • w. 24

22 Iei minne ekkewe chon Jews ra apasa, "Ifa usun, Epwe le pwisin nielo I, pokiten A apasa, 'Ami ousap tongeni feito ia Ngang Upwe le feilo ie.'"

23 O I A apasa ngeniir, "Ami seni fan; Ngang seni asan. Ami seni ei fonufan; Ngang sap seni ei fonufan." 1 John 4:5

24 "Iei minne Ngang Ua apasa ngeni kemi pwe oupwe malo lon ami kana tipis; pun are ousap luku pwe Ngang I, oupwe le malo lon ami kana tipis." w. 21

25 Mwirin, ra apasa ngeni I, "En iö?" O Jesus A apasa ngeniir, "Usun chok met Ua fen akapasa ngeni kemi seni chok lepoputan.

26 "Mi wor chommong mettoch minne Upwe apasa usumi o apwungu kemi ren, nge Atewe mi tinieito A let; o Ngang Ua apasa ngeni fonufan ekkana mettoch minne Ua rong seni I."

27 Ir resap weweiti pwe I A kapas ngeniir usun ewe Sam.

28 Mwirin, Jesus A apasa ngeniir, "Lupwen oupwe atekiata ewe Noun Aramas, mwirin, oupwe silei pwe Ngang I, o Use fori och seni pwisin Ngang; nge usun chok ewe Sam A aiti ngeniei, ekkei mettoch Ua apasata.

29 "O Atewe mi tinieito A nonnom rei. Ewe Sam Ese likitieilo pwe Upwe akkalaemönulo chok, pun iteiten fansoun meinisin Ngang Ua chok fori ekkewe mettoch mi apwapwai I."

30 Lupwen I A apasa ekkei kapas, chommong ra luku lon I.

"Ewe Let Epwe Angasakemilo"

31 Mwirin, Jesus A apasa ngeni ekkana chon Jews ra luku I, "Are ami oupwe nonnom lon Ai kapas, iwe, wesewesen ami Nei chon kaeo.

32 "O oupwe silei ewe let, o ewe let epwe angasakemilo."

James 1:25

33 Ir ra poluweni I, "Am mwirimwirin Abraham, o aise fen fötek fan nemenien emon. Ifa usun Om Ka tongeni apasa, 'Ami oupwe ngaselo'?" Lev. 25:42; Mat. 3:9

34 Jesus A poluweniir, "Enlet, enlet, Ua apasa ngeni kemi, iteiten iö mi fori tipis, i noun tipis amanaw.   Rom 6:16; 2 Pet. 2:19

35 "O emon amanaw esap non-nom lon ewe imw feilfeilo chok, nge emon nau a nonnom feilfeilo chok.

36 "Iei minne are ewe Nau Epwe angasakemilo, oupwe wesewesen ngaselo.   Rom 8:2; Kal. 5:1

Mwirimwirin Abraham Me Mwirimwirin Satan

37 "Ua silei pwe ami mwiri-mwirin Abraham, nge oua kutta pwe oupwe nieilo, pokiten esap wor leenien Ai kapas lómi.

38 "Ngang Ua apasa minne Ua fen kuna ren Semei we, o ami oua fori minne oua fen kuna ren sememi we."   3:32; 5:19, 30; 14:10

39 Ir ra poluweni o apasa ngeni I, "Semem Abraham." Jesus A apasa ngeniir, "Are ami noun Abraham, iwe, oupwe fori ekkewe foffor Abraham a fori.   Rom 2:28

40 "Nge iei ami oua kutta pwe oupwe nieilo, emon Mwan mi fen ureni kemi ewe let minne Ua fen rong seni Kot. Abraham ese fori ei sokkun.   w. 37

41 "Ami oua fori fofforun sememi we." Mwirin, ra apasa ngeni I, "Am aise uputiw seni lisou; mi wor emon chok semem–Kot."

42 Jesus A apasa ngeniir, "Are pwe sememi Kot, iwe, oupwe tongeei, pun Ua tou seni o feito seni Kot; Use pwal feito seni pwisin letipei, nge I A tinieito.

43 "Pwata ousap weweiti aloi? Pokiten ami ousap tongeni auselinga Ai kapas.

44 "Ami seni sememi ewe tefil, o ami oua mochen fori mochenien sememi we. I emon chon nielo aramas seni chok lepoputan, o ese uta lon ewe let pokiten esap wor let lon i. Lupwen i a apasa och chofona, i a kapas seni pwisin i, pun i emon chon chofona pwal i semelapen *chofona*.

45 "Nge pokiten Ngang Ua kapas enlet, ami ousap lukuei.

46 Iö leimi a ettipisiei ren och tipis? O are Ngang Ua kapas

enlet, pwata ousap lukuei?

47 "Ewe mi pop seni Kot epwe auselinga An Kot kewe kapas; iei minne ami ousap auseling, pun ami ousap pop seni Kot."

10:26; 1 John 4:6

Me Mwen An Abraham Esamwo Fis, NGANG

48 Mwirin, ekkewe chon Jews ra poluweni o apasa ngeni I, "Ifa usun, sap pwungun am we apasa pwe En emon chon Samaria o a wor emon ngun mi ngaw wóm?"

49 Jesus A poluweni, "Ese wor emon ngun mi ngaw wói; nge Ua asamolu Semei we, o ami oua turunufaseei.

50 "Nge Ngang Usap kutta pwisin Ai ling; mi wor Emon A kukkuta o apwungu.   5:41

51 Enlet, enlet, Ua apasa ngeni kemi, are emon epwe tumwunu Ai kapas, esap fokkun kuna malo."

52 Mwirin ekkewe chon Jews ra apasa ngeni I, "Iei aia silei pwe a wor emon ngun mi ngaw wóm! Abraham a malo, pwal ekkewe soufos; o En Ka apasa, 'Are emon epwe tumwunu Ai kapas, iwe, esap fokkun neni malo.'

53 "Ifa usun, Ka lap seni semem we Abraham, ewe a malo? Pwal ekkewe soufos ra malo. Ka pwisin förukelo pwe En iön?

54 Jesus A poluweni, "Are Ngang Ua pwisin elingaeilo, Ai ling epwe lamot-mwal. Semei, I ewe A alingaeilo, I ewe ami oua apasa pwe I ami Kot.   5:41

55 "Nge ami ousap silei I, nge Ngang Ua silei I. O are Upwe apasa, 'Usap silei I,' iwe, Ngang Upwe emon chon chofona usun chok ami; nge Ngang Ua silei I o Ua tumwunu An kapas.

56 "Sememi we Abraham a meseikeiti an epwe kuna räni, iwe, a kuna o a pwapwa."

57 Mwirin, ekkewe chon Jews ra apasa ngeni I, "En Kosap mwo ierini lime, nge Ka fen kuna Abraham?"   1:19

58 Jesus A apasa ngeniir, "Enlet, enlet, Ua apasa ngeni kemi, me mwen an Abraham esamwo fis, NGANG."   Ex. 3:14

59 Mwirin, ra rusi ekkoch fau pwe repwe mónei ngeni I; nge Jesus A pwisin opeló o A tou seni ewe imwenfel nge A chok pwerelo lefiler, iwe, iei usun An fetalelo.

10:31, 39 • Luke 4:30

Emon Mwan Mi Mesechun Seni Chok An Uputiw A Kuna Mwan

9 Iwe, lupwen Jesus A fetalelo, A kuna emon mwan mi mesechun seni chok an uputiw.

2 O Noun kewe chon kaeo ra eisini I, o apasa, "Rapai, iö a tipis, ei mwan ika seman me inan, pwe a uputiw nge mi chok chun?"w. 34

3 Jesus A poluweni, "Ei mwan ese tipis, are pwal seman me inan, nge pwe ekkewe angangen Kot repwe pwäppwälo lon i.

4 "Ngang Upwe fokkun fori ekkewe angang An ewe Emon mi tinieito lupwen a chuen ran; lepwin epwe le feito, lupwen esap wor emon epwe tongeni angang.

4:34; 5:19

5 "Lon öukukun tamen fansoun Ai nonnom lon fonufan, Ngang ewe saramen fonufan."

6 Lupwen I A wes le apasa ekkei mettoch, A attufetiw lon ewe pwul o fori och pwakak ren attufan; o A tófi ewe pwakak ngeni mesen ewe mwan mi chun.

Mark 7:33

7 O A apasa ngeni atewe, "Feilo, óres lon ewe chanituren Siloam" (wewen, Tinalo). Iei minne atewe a feilo o óres, iwe, a liwinto nge a kuna mwan.   2 Ki. 5:14

8 Iei minne chon orun kewe me ekkewe ra fen kuna i me lom pwe i mi mesechun, ra apasa, "Esap iei i atewe mi chok mommot o tuttungor?"

9 Ekkoch ra apasa, "Iei i atewe." Pwal ekkoch ra apasa, "A usun chok likilikin." Atewe a apasa, "Ngang atewe."

10 Iei minne ra apasa ngeni i, "Ifa usun an mesom kana ra sukulo?"

11 I a poluweni o apasa, "Emon Mwan itan Jesus A fori och pwakak o tófi ngeni mesei kei o apasa ngeniei, 'Feilo ngeni ewe chanituren Siloam o óres.' Ina minne ua feilo o óres, o ua nennelo."

12 Mwirin ra apasa ngeni i, "Ifa I Atewe?" I a apasa, "Usap silei."

Ekkewe Farisi Ra Oturalo Atewe Lukun Ewe Sinakok

13 Ra lukealo atewe mi piin mesechun ren ekkewe Farisi.

14 Iwe, lupwen Jesus A fori ewe pwakak o aneneloi mesen atewe a sereni ewe ranin Sapat.

15 Mwirin, ekkewe Farisi ra pwal eisini sefali atewe ifa usun an nennelo. I a apasa ngeniir, "I A tofata och pwakak won mesei, o ngang ua óres, iwe, ua kuna

mwei."   9:10

16 Iei minne ekkoch ekkewe Farisi ra apasa, "Ei Mwan Esap seni Kot, pokiten I Esap epini ewe ranin Sapat." Pwal ekkoch ra apasa, "Epwe ifa usun an emon mwan chon tipis epwe tongeni fori ekkei sokkun esisil?" O a fis tipefesen lefiler.

17 Ra pwal kapas sefal ngeni ewe mwan mi mesechun, "Meeta en ka apasa usun Atewe pokiten An A aneneloi mesom kana?" I a apasa, "I emon Soufos."

18 Nge ekkewe chon Jews rese luku usun atewe, pwe i mi piin mesechun o a pwal nennelo, tori ra körato semen me inen atewe mi nennelo.

19 O ra eisiniir, o apasa, "Iei i noumi we, atewe ami oua apasa pwe mi uputiw nge mi chok chun? Iwe, ifa usun an a kuna mwan iei?"

20 Seman me inan ra poluweniir o apasa, "Am aia silei pwe iei i nöum we, pwal pwe i a uputiw nge mi chok mesechun;

21 nge am aisap silei met a tongeni kuna mwan ren, aise pwal silei ika iö a aneneloi mesan kana. I a ierini ierin mi mwuk; oupwe eisini i. I epwe pwisin kapas

fanitan."

22 Seman me inan ra apasa ekkei mettoch pokiten ra nuokusiti ekkewe chon Jews, pun ekkewe chon Jews ra fen tipeeu fengen pwe are emon aramas epwe pwarata pwe I ewe Kraist, iwe, epwe katou seni ewe sinakok.

23 Iei minne seman me inan ra apasa, "I a ierini ierin mi mwuk; oupwe eisini i."

24 Iwe, ra pwal körisefali ewe mwan mi piin mesechun o apasa ngeni i, "Kopwe ngeni Kot ewe ling! Am aia silei pwe ei Mwan emon chon tipis."

25 I a poluweni o apasa, "Usap silei are I emon chon tipis ika Esap. Eu chok mettoch ngang ua silei: pwe inamwo ngang ua fen mesechun, nge iei, Ngang ua kuna mwei."

26 Mwirin ra pwal apasa ngeni i, "Met I A fori ngonuk? Ifa usun An aneneloi mesom kana?"

27 I a poluweniir, "Ua fen ureni kemi, nge ami ousap auseling. Pwata oua mochen oupwe pwal rong sefal? Ifa usun, ami oua pwal mochen wiliti Noun chon kaeo?"

28 Mwirin, ra fokkun turunufasei i o apasa, "En Noun chon kaeo,

nge am noun Moses chon kaeo.

29 "Am aia silei pwe Kot A kapas ngeni Moses; nge ei Mwan, am aisap silei ia I A feito me ie."

30 Ewe mwan a poluweni o apasa ngeniir, "Nge, iei och minnen amwarar, pwe ami ousap silei ika ia I A feito me ie; nge I A fen suki mesei! 3:10

31 "Iwe, sia silei pwe Kot Esap auseling ngeni chon tipis; nge are emon aramas epwe i chon fel ngeni Kot o fori letipan, I Epwe auseling ngeni i.

32 "Seni lepoputan fonufan esap mwo wor *emon* epwe rongorong pwe emon a suki mesen emon mi upwuchuun.

33 "Are ei Mwan Esap feito seni Kot, iwe, I Esap tongeni fori och mettoch."

34 Ra poluweni o apasa ngeni i, "En ka chok fokkun uputiw lon tipis, nge kopwe esikuula kem?" O ra oturalo atewe lukun.

Ekkewe Mi Enletin Kuna Mwer, Me Ekkewe Mi Enletin Mesechun

35 Jesus A rong pwe ra oturalo atewe lukun; o lupwen A kuna atewe, A apasa ngeni i, "Ifa usun, ka luku lon ewe Noun Kot?"

36 I a poluweni o apasa, "I iö, Samol, pwe upwe tongeni luku lon I?"

37 O Jesus A apasa ngeni i, "En ka fen kuna I o pwal iei I ewe A kapas reom."

38 Mwirin i a apasa, "Samol, ua luku!" Iwe, atewe a fel ngeni I.

39 O Jesus A apasa, "Ngang Ua feito won ei fonufan faniten kapwung, pwe ekkewe rese kuna mwer repwe kuna mwer, o ekkewe ra kuna mwer repwe chun." 5:22, 27 • Mat. 13:13

40 Mwirin, ekkoch me lein ekkewe Farisi mi nom ren I ra rong ekkei kapas, o apasa ngeni I, "Am aia pwal mesechun?"

Rom 2:19

41 Jesus A apasa ngeniir, "Are oupwe fen chun, esap wor ami tipis; nge iei oua apasa, 'Am mi kuna mweem.' Iei minne, ami tipis mi chuen chok nonnom.

Jesus I Ewe Enletin Chon Masen Siip

10 "Enlet, enlet, Ua apasa ngeni kemi, iö esap tolong lon asamen ewe tiitin siip, pwe a töta me ekis, i emon chon sola me emon chon mwacho.

2 "Nge iö mi tolong me lon ewe

asam, i chon masen ekkewe siip.

3 "Ewe chon mammasa asam a suki ewe asam ngeni i, o ekkewe siip ra rong mwelian; o i a kokkori pwisin noun kewe siip ngeni en me itan o a emweniirewu lukun.

4 "O lupwen i a atouwu pwisin noun kana siip, i a akkomwolo mwer; o ekkewe siip ra tapwelo mwirin i, pun ra silei mwelian.

5 "Nge resap fokkun tapwelo mwirin emon chon ekis, nge repwe su seni i, pun resap silei mwelien kana chon ekis."

2 Kor. 11:13-15

6 Jesus A nounou ei liosun awewe, nge ir rese weweiti ekkewe mettoch I A apasa ngeniir.

Jesus I Ewe Chon Masen Siip Mi Mwirino

7 Mwirin, Jesus A pwal apasa ngeniir, "Enlet, enlet, Ua apasa ngeni kemi, Ngang ewe asam faniten ekkewe siip.

8 "Meinisin mi akkomwoto mwei, ir chon sola me chon mwacho, nge ekkewe siip rese auseling ngeniir.

9 "Ngang ewe asam. Are emon epwe tolong me lói, i epwe kuna manaw, o epwe tolong pwal tou o kuna anan mwongo.   Ef. 2:18

10 "Ewe chon sola esap feito chilon chok pwe epwe sola, o nielo, o atailo. Ngang Ua feito pwe repwe aani manaw, o repwe aani lon unusen somwosomwolon.

11 "Ngang ewe chon masen siip mi mwirino. Ewe chon masen siip mi mwirino A fangelo manawan faniten ekkewe siip.

12 "Nge emon mi angang faniten liwin, i esap ewe chon masen siip, ekkewe siip resap pwal noun, a kuna an ewe wolif feito o a likitalo ekkewe siip o a sulo; o ewe wolif a liapeni ekkewe siip o kupetifeseniir.

13 "Ewe chon angang faniten liwin a sulo pokiten i emon chon angang faniten liwin o ese chungu ekkewe siip.

14 "Ngang ewe chon masen siip mi mwirino; o Ua silei Nei kewe siip, o Ua sil me ren pwisin Nei kewe.   Ais. 40:11

15 "Usun chok An ewe Sam A sileei, pwal ina chok usun Ngang Ua silei ewe Sam; o Ngang Ua isetiw manawei faniten ekkewe siip.

16 "O mi wor pwal ekkoch Nei siip ir resap seni ei tiitin siip; Ngang Upwe pwal uweiireto, o

repwe rong mweliei; o epwe wor eu chok pwiin siip me emon chok chon masen siip.

17 "Iei minne, Semei A tongeei, pokiten Ua isetiw manawei pwe Upwe pwal angei sefali.

18 "Ese wor emon a angei seniei *manawei*, nge Ua pwisin isetiw. A wor rei ewe tufich pwe Upwe isetiw manawei, o a wor rei ewe tufich pwe Upwe pwal angei sefali. Ngang Ua etiwa ei alluk seni Semei we."

19 Iei minne, a pwal fis och tipefesen lefilen ekkewe chon Jews pokiten ekkei kapas.

20 O chommong me leir ra apasa, "Emon ngun mi ngaw a nom won o A umwes. Pwata oua auseling ngeni I?"

21 Pwal ekkoch ra apasa, "Ekkei kapas sap alon emon aramas ngun mi ngaw a waani. Ifa usun, emon ngun mi ngaw a tongeni suki mesen ekkewe mi chun?"   Ex. 4:11

Ewe Chon Mas A Silei Noun Kewe Siip

22 Iwe, iei fansoun ewe Fetellapen Efinun lon Jerusalem, pwal iei ewe kinikinin fansoun patapat.

23 O Jesus A fetal lon ewe imwenfel, won ewe Pwalangen Solomon.

24 Iwe, ekkewe chon Jews ra róngeelo I o apasa ngeni I, "Epwe ifa langatamen Om Kopwe chok anomu kem lon tipemwaramwar? Are En ewe Kraist, Kopwe ureni kem ren kapas mi fatafatöch."

25 Jesus A poluweniir, "Ua fen ureni kemi, nge ami ousap luku. Ekkewe angang Ngang Ua fori lon iten Semei, ra pwarata usi.

                                w. 38

26 "Nge ami ouse luku, pokiten sap ami Nei siip, usun Ua fen apasa ngeni kemi.   8:47

27 "Nei kewe siip ra rong mweliei, o Ua silei ir, o ir ra tapweto mwiri.   w. 4, 14

28 "O Ngang Ua fang ngeniir manaw esemwuch, o resap fokkun mä-feiengaw; esap pwal wor emon epwe ettiirewu seni lon pei.

29 "Semei, ewe mi fang ir ngeniei, A lap seni meinisin; o esap wor emon mi tongeni ettiirewu seni lon poun Semei we.

30 "Ngang me Semei Am chok Emon."   Kol F. 2:7

Ekkewe Chon Jews Ra Pwal Angeisefali Ekkoch Fau Pwe Repwe Mónei Jesus

31 Mwirin, ekkewe chon Jews ra

pwal angeisefali ekkoch fau pwe repwe mónei I.

32 Jesus A poluweniir, "Mi wor chommong foffor mwirino Ngang Ua fen aiti ngeni kemi seni Semei we. Menni lein ekkana foffor ami oupwe le móneei ren?"

33 Ekkewe chon Jews ra poluweni I, o apasa, "Am aisap moneek ren och foffor mi mwirino, nge faniten Om esiit, pwal pokiten En, emon Mwan, nge Ka pwisin förukelo pwe En Kot." 5:18

34 Jesus A poluweniir, "Ifa usun, esap mak lon ami alluk, 'Ngang Ua apasa, "Ami oua kot"'?

Kol F. 82:6

35 "Are I A eita ngeniir pwe ir kot, chókewe ewe kapasen Kot a toriir (o Ekkewe Taropwe Mi Pin resap tongeni talo), Rom 3:1, 2

36 "ami oua apasa ngeni Atewe ewe Sam A epinalo o tinato ngeni fonufan, 'En Ka esiit,' pokiten Ua apasa, 'Ngang ewe Noun Kot'?

3:17 • 5:17, 18 • Luke 1:35

37 "Are Ngang Usap fori An Semei we kewe angang, iwe, ousap lukuei;

38 "Nge are Ua foriir, iwe, inamwo are ousap lukuei, oupwe chok luku ekkewe foffor, pwe oupwe silei o luku pwe ewe Sam A nonnom lói, o Ngang lon I."

39 Iei minne ra pwal sotuni ar repwe turufi I, nge I A sechiwu seni lepour.

Chommong Aramasen Pekilon Jordan Ra Luku Jesus

40 O A feilsefalilo pekilon Jordan ngeni ewe leeni ia John a fori angangen papatais ie me mwan, o A nonnomolo ikenan. 1:28

41 Mwirin, chommong aramas ra feito ren o apasa, "John ese fori och esisil, nge meinisin ekkewe mettoch minne John a apasa usun ei Mwan ra let."

42 O chommong aramas ra luku I me ikeweia.

An Lazarus Malo

11 Iwe, a wor emon mwan mi samaw, Lazarus seni Bethany, telinimwen Mary me pwiin we Martha.

2 Iei i Mary, neminewe e epiti ewe Samol ren lo-pwokkus o tölu-pwasei pachapachan ren meten mokuran, nge Lazarus, mongean neminei, a samaw.

3 Iei minne ekkewe pwipwi ra titilo ren I, o apasa, "Samol, nengeni, atewe Ka tongei a

samaw."

4 Lupwen Jesus A rong ena, I A apasa, "Ei samaw esap ngeni malo, nge faniten ewe lingen Kot, pwe ewe Noun Kot Epwe lingelo ren."

5 Iwe, Jesus A tongei Martha me pwiin we me Lazarus.

6 Iei minne, lupwen I A rong pwe atewe a samaw, I A nomolo pwal ruu ran lon ewe leeni ia A non-nom ie.   10:40

7 Iwe mwirin ei, I A apasa ngeni ekkewe chon kaeo, "Ousipwe le feilo sefal Judea."

8 Ekkewe chon kaeo ra apasa ngeni I, "Rapai, ekis chok fan-soun a lo ekkewe chon Jews ra sotuni ar repwe móneek, nge Kopwe le pwal liwinsefalilo ie?"
                                    10:31

9 Jesus A poluweni, "Ifa usun, esap wor engol me ruu awa lon ewe ran? Are emon epwe fetal le ran, esap chepetek, pokiten a kuna ewe saramen ei fonufan. 9:4

10 "Nge are emon epwe fetal le pwin, epwe chepetek, pokiten ewe saram esap nom lon i."

11 I A apasa ekkei mettoch, nge mwirin I A apasa ngeniir, "Chien-ach we Lazarus a möur, nge Upwe feilo pwe Upwe föngunä-

tä."   Mat. 9:24

12 Mwirin, Noun kewe chon kaeo ra apasa, "Samol, are i a möur, iwe, epwe le chikar."

13 Nge, Jesus A kapas usun an malo, nge ir ra ekieki pwe I A kapas usun asösön möur.

14 Mwirin, Jesus A afatalo An kapas ngeniir, "Lazarus a malo.

15 "O Ua pwapwa fanasengesimi, pwe Ngang Usap nom ikenan, pwe ami oupwe luku. Nge ina, sipwe feilo ren."

16 Mwirin, Thomas, ewe a iteni ewe Lippwe, a apasa ngeni chien-an kewe chon kaeo, "Ousipwe pwal feilo, pwe sipwe eti I le malo."

"Ngang Ewe Manawsefal Me Ewe Manaw"

17 Iei minne lupwen Jesus A war, A rong pwe atewe a fen nom lon peias ruanu ran.

18 Iwe, Bethany a nom arap ngeni Jerusalem, ina epwe ruu mail seni.

19 O chommong me lein ekkewe chon Jews ra fen feito fiti ekkewe fefin unukun Martha me Mary, pwe repwe aururu ir fanasengesin mongeer we.

20 Iwe, lupwen chok an Martha a rongorong pwe Jesus A feito, a

feilo o a churi I, nge Mary a mommot lon ewe imw.

21 Iwe, Martha a apasa ngeni Jesus, "Samol, are Ka nom ikei, mongeei we esap malo.

22 "Nge pwal iei mwo ua silei pwe met chok En Kopwe tungor seni Kot, Kot Epwe ngenuk." 9:31

23 Jesus A apasa ngeni neminewe, "Mongeom we epwe manawsefal."

24 Martha a apasa ngeni I, "Ua silei pwe i epwe manawsefal lon ewe ótun manawsefal lon ewe sopwolon ran." 5:29; 12:48

25 Jesus A apasa ngeni i, "Ngang ewe manawsefal me ewe manaw. Iö mi luku lói, inamwo ika epwe malo, epwe chok manaw.

26 "O iteiten iö mi manaw o luku lói, esap fokkun malo. Ifa usun, ka luku ei?"

27 Neminewe a apasa ngeni I, "Ewer, Samol, ua luku pwe En ewe Kraist, ewe Noun Kot, ewe mi feito ngeni fonufan."

Jesus Me Ewe Omwuchulon Chon Opwut—Malo

28 O lupwen i a wes le apasa ekkei mettoch, a feilo o kokkori Mary pwiin we le monomon, o apasa, "Ewe Sense A fen wareto o A kokkoruk."

29 O lupwen chok an rong ena, neminewe a mwitir uta o feito ren.

30 Iwe, Jesus Esap mwo tolong lon ewe telinimw, nge A nom lon ewe leeni ikewe Martha a churi I me ie.

31 Mwirin, ekkewe chon Jews mi nom ren neminewe lon ewe imw, o aururu i, lupwen ra kuna pwe Mary a mwitir uta o tou lukun, ra tapwelo mwirin, o apasa, "I epwe feilo ngeni ewe peias pwe epwe kechiw ikewe." w. 19

32 Mwirin, lupwen Mary a feito ikewe Jesus A nonnom ie, o kuna I, a pwungutiw orun pachapachan, o apasa ngeni I, "Samol, are Ka nom ikei, mongeei we esap malo."

33 Iei minne, lupwen Jesus A kuna an kechiw, pwal ekkewe chon Jews mi fitato ra kechiw, I A ngungures lon ngunun o A osukosuk.

34 O A apasa, "Ia oua akónalo atewe ie?" Ir ra apasa ngeni I, "Samol, feito o nengeni."

35 Jesus A kechiw.

Luke 19:41; Ipru 5:7

36 Mwirin, ekkewe chon Jews ra apasa, "Nengeni usun öukukun

An tongei atewe!"

37 O ekkoch me leir ra apasa, "Ifa usun, ese tufich ren ei Mwan mi fen suki mesen ewe mi chun, pwe epwe pwal pinei an atei malo?"

Jesus A Amanawata Lazarus Seni Malo

38 Mwirin, Jesus A pwal ngu-ngures lon letipan, o A feito ren ewe peias. *Ewe peias* eu föimw, nge a pinepin ngeni efou fau.

39 Jesus A apasa, "Oupwe ämäralo ewe fau." Martha, fefinen atewe mi malo a apasa ngeni I, "Samol, lon ei fansoun iei, epwe le pwomach, pun a fen malo lon ukukun ruanu ran."

40 Jesus A apasa ngeni i, "Ngang Usap fen apasa ngonuk pwe are kopwe luku, iwe, kopwe kuna ewe lingen Kot?"   w. 4, 23

41 Mwirin ra angealo ewe fau seni ewe leeni ikewe ewe mwan mi malo a kokkon ie. O Jesus A sacheta o apasa, "Semei, Ua kilisou ngonuk pwe En Ka fen auselingaei.

42 "O Ua silei pwe En Ka ause-lingaei iteiten fansoun meinisin, nge pokiten ekkewe aramas mi ukkuta ikei Ngang Ua apasata ei, pwe repwe luku pwe En Ka

tinieito."   12:30

43 Iwe, lupwen I A wes le apasa ekkei mettoch, I A kökkö ren eu mongungu mi leuomong, "Lazarus, kopwe tou!"

44 Iwe, atewe mi fen malo a tou nge poun me pechen ra finifinilo ngeni finifinin sóma, o won mesan a finifinilo ngeni echö mangaku. Jesus A apasa ngeniir, "Oupwe epichalo, o mwut ngeni epwe feilo."

Ekkewe Sou-Asor Mi Lap Me Ekkewe Farisi Ra Rawei Ar Repwe Nielo Jesus

45 Mwirin, chommong me lein ekkewe chon Jews mi feito ren Mary, o kuna ekkewe mettoch Jesus A fori, ra luku I.   2:23; 10:42

46 Nge ekkoch ra feilo ren ekkewe Farisi o aporausa ngeniir usun ekkewe mettoch Jesus A fori.

47 Mwirin, ekkewe sou-asor mi lap me ekkewe Farisi ra emwicha fengeni eu mwichen alepwung o apasa, "Met sipwe le fori? Pun ei Mwan A fori chommong esisil.

48 "Are sipwe likitalo Atei, usun ei, aramas meinisin repwe le luku lon I, o ekkewe chon Rom repwe

feito o angealo leeniach pwal aramasen fonuach."

49 O emon me leir, Kaiafas, i ewe sou-asor mi lap lon ena ier, a apasa ngeniir, "Ami ousap silei och mettoch,

50 "ouse pwal ekieki pwe mi fen mwirino fanitach pwe emon Mwan Epwe malo fanasengesin ekkewe aramas, nge esap unusen chon ewe fonu repwe mä-feiengaw."

51 Iwe, atewe ese apasa ei ren pwisin an tufich; nge pokiten i ewe sou-asor mi lap lon ena ier i a oesini pwe Jesus Epwe malo fanasengesin ekkewe aramas,

52 nge esap ren chok ekkewe aramasen ena fonu, nge Epwe pwal ionifengeni ekkewe Noun Kot mi toropasfeil ekis meinisin, pwe repwe eu chok.

53 Iwe, seni ena ran feilo, ra rawei pwe repwe nielo I.

54 Iei minne, Jesus Ese chuen fetal le pwäppwälo lein ekkewe chon Jews, nge A feilo seni ikenan ngeni ewe fonu arap ngeni ewe fonuapö, ngeni eu telinimw itan Efraim, o A nonnom ikenan ren Noun kewe chon kaeo.

55 O ewe Passofer an ekkewe chon Jews a arapeto, o chom-mong ra feilo seni ewe fonu o feita Jerusalem me mwen ewe Passofer, pwe repwe elimelimer.

56 Mwirin, ra kutta Jesus, o kapas fengen lefiler lupwen ra ukkuta lon ewe imwenfel, "Met oua ekieki—Atewe Esap feito ngeni ewe fetellap?"   7:11

57 Iwe, ekkewe sou-asor mi lap fengen me ekkewe Farisi ra fen atou ewe alluk, pwe are emon epwe silei ian I A nom ie, iwe, epwe pwarata, pwe repwe tongeni turufi I.

Mary A Epiti Jesus Me Lon Bethany

12 Iwe, wonu ran me mwen ewe Passofer, Jesus A feito Bethany, ikewe Lazarus a nonnom ie, atewe mi fen malo, ewe I A amanawa-sefalieta seni malo.   11:1, 43

2 Me ikeweia ra fori eu mwongön lefaaf fanitan; o Martha a angang, nge Lazarus i emon me lein ekkewe ra eti I le mommot ngeni chepel.

3 Mwirin, Mary a angei eu paun lo-pwokkusun spaiknard mi fok-kun mömong, a epiti pacha-pachen Jesus, o a tolupwasei pachapachan kewe ren meten

mokuran. O ewe imw a ur ren pwokkusun ewe lommis.

4 Nge emon me lein Noun kewe chon kaeo, Judas Iskariot, noun Simon we, ewe epwe afangema I, a apasa,

5 "Pwata ei lo-pwokkus esap fen amömölo won ulupuku denarii, o fangolo ngeni ekkewe mi woungaw?"

6 I a apasa ei, sap ren an chungu ekkewe mi woungaw nge pokiten i emon chon sola, o a nom ren ewe pworun moni; o i a soun angei met a iseiselong lon.

7 Nge Jesus A apasa, "Likitalo neminei; i a fen isoni ei faniten ewe ranin Ai Upwe peias.

8 "Pun ekkewe mi woungaw repwe nonnom remi fansoun meinisin, nge Ngang Usap nonnom remi fansoun meinisin."

Mat. 26:11

Ekkewe Chon Jews Ra Rawei Ar Repwe Nielo Lazarus

9 Iwe, chommong ekkewe chon Jews ra silei pwe I A nom ikewe; o ra feito, esap chok fanasengesin Jesus, nge pwe repwe pwal tongeni kuna Lazarus, atewe I A amanawa-sefalieta seni malo.

11:43, 44

10 Nge ekkewe sou-asor mi lap ra pwungupwung fengen pwe repwe pwal nielo Lazarus,

11 pun pokiten i, chommong ekkewe chon Jews ra feilo o luku lon Jesus.

Jesus A Tolong Lon Jerusalem

12 Lon ewe ran mwirin, lupwen eu watten mwichen aramas mi feito ngeni ewe fetellap ra rong pwe Jesus Epwe feito Jerusalem,

13 ra angei palen ekkewe ira palm o ra feiliwu pwe repwe churi I, o ra leuomongeta le kokko:

"Hosanna! 'A feioch Atewe mi feito lon iten ewe SAMOL!' Ewe Kingen Israel!"

Kol F. 118:26

14 Mwirin, lupwen Jesus A kuna emon lialifön dongki, A móótótä won; usun chok minne a mak:

15 "Kosap nuokus, en fopwul noun Zion; Nengeni, om King A feito, A mommot won emon lialifön dongki."

Zek. 9:9

16 Noun kewe chon kaeo rese weweiti ekkei mettoch me akkomw; nge lupwen Jesus A lingelo, iwe, ra chechemeni pwe ekkei mettoch ra fen mak usun I,

pwal pwe ir ra fen fori ekkei mettoch ngeni I.

17 Iei minne ekkewe aramas, ekkewe mi nom ren I lupwen A körawu Lazarus seni lon peiasan we o amanawasefali i seni malo, ra pwarata.

18 Faniten ei popun ekkewe aramas ra pwal churi I, pokiten ra rong pwe I A fori ei esisil.

19 Iei minne, ekkewe Farisi ra kapas fengen lefiler, "Oua kuna pun ami ousap apwonueta och mettoch. Nengeni, fonufan a fen tapwelo mwirin I!"

Efou Foun Wiit Mi Uwa Chommong

20 Iwe, a wor ekkoch chon Kris mi nom lein chókewe mi feito pwe repwe fel lon ewe fetellap.

21 Mwirin, ra feito ren Filip, atewe seni Bethsaida an Kalili, o ra eisini i, o apasa, "Maing, am aia mochen kuna Jesus."　　1:44

22 Filip a feito o ureni Andrew, o mwirin Andrew me Filip ra ureni Jesus.

23 Nge Jesus A poluweniir o apasa, "A tori ewe fansoun an ewe Noun Aramas Epwe le lingelo.　　13:32

24 "Enlet, enlet, Ua apasa ngeni kemi, are efou foun wiit esap mworotiw lon ewe pwul o malo, epwe chok nonnom won pwisin an; nge are epwe malo, epwe uwa chommong.　　1 Kor. 15:36

25 "Iö a tongei manawan, iwe, epwe pout seni, o iö a opwut manawan me lon ei fonufan, iwe epwe iseni faniten manaw esemwuch.　　Mat. 10:39

26 "Are emon epwe angang ngeniei, epwe tapweto mwiri, o ikewe Ngang Upwe nonnom ie, Nei chon angang epwe pwal nonnom ie. Are emon epwe angang ngeniei, Semei we Epwe asamolu i.　　14:3; 1Thes. 4:17

Jesus A Oosuni Usun An Epwe Malo Won Irapenges

27 "Iei, nguni a osukosuk, o met Upwe apasa? 'Semei, Kopwe selaniei seni ei fansoun'? Nge iei popun Ai feito ngeni ei fansoun.

28 "Semei, Kopwe elingalo itom." Mwirin, eu mongungu a feito seni lang, o apasa, "Ua fen elinga o Upwe pwal elingasefali."

29 Iei minne ekkewe aramas mi ukkuta o rongorong ra apasa pwe a pung chopulap. Pwal ekkoch ra apasa, "Emon chon lang a kapas ngeni I."　　Fof. 23:9

30 Jesus A poluweni o apasa, "Ei mongungu ese feito pokitei, pwe fanasengesimi.

31 "Iei a tori fansoun kapwungun ei fonufan; iei ewe sounemenemen ei fonufan epwe le koturuwu lukun.

32 "O Ngang, are Upwe kekiita seni fonufan, Upwe ropenato aramas meinisin rei."

33 I A apasa ei ren An Epwe esisila met sokkun malo I Epwe määni.

34 Ekkewe aramas ra poluweni I, "Am aia fen rongorong seni ewe alluk pwe ewe Kraist Epwe nonnom tori feilfeilo chok; nge ifa usun Om Ka tongeni apasa, 'Ewe Noun Aramas Epwe fokkun kekiitä'? Iö ei Noun Aramas?"

35 Mwirin Jesus A apasa ngeniir, "Ewe saram epwe nonnom remi lon ekis chok fansoun. Oupwe fetal lupwen a wor remi saram, pwe rochopwak ete sereni kemi; iö a fetal lon rochopwak ese silei ia a feilo ie.

36 "Oupwe luku lon ewe saram lupwen a wor remi saram, pwe oupwe tongeni wiliti noun saram." Jesus A apasa ekkei mettoch, o A feilo, o A op seniir.

"Iö A Luku Ach Pwarata?"

37 Nge inamwo ika A fen fori chommong esisil mwer, ir resap luku I,

38 pwe alon ewe soufos Isaiah epwe pwonueta, minne i a apasa:

"Samol, iö a luku ach pwarata?
O ngeni iö a fen pwälo
poun ewe Samol?

Ais. 53:1; Rom 10:16

39 Iei minne rese tongeni luku, pokiten Aisea a pwal apasa:

40   "I A fen achunalo meser
o aförealo letiper,
Pwe rete kuna ren meser,
Pwe rete weweiti ren letiper
o kul,
Pwe Ngang Upwe achikareretä."

Ais. 6:10

41 Aisea a apasa ekkei mettoch lupwen a kuna An ling o a kapas usun I.   Luke 24:27

Fetal Lon Saram

42 Iwe, iei mwo nge chommong me lein ekkewe sou-nemenem ra luku I, nge pokiten ekkewe Farisi, iwe, ir rese pwarata I, pwe rete katou seni ewe sinakok;

43 pun ra efich ewe ling seni aramas lap seni ewe ling seni Kot.

44 Mwirin Jesus A leuomongeta le kokko o apasa, "Iö mi luku lói, ese luku lói, pwe lon Atewe mi tinieito.   Mark 9:37

45 "O iö a kunaei a kuna Atewe mi tinieito.

46 "Ngang Ua feito pwe Upwe eu saram lon fonufan, pwe iteiten iö mi luku lon Ngang esap nonnom lon rochopwak.   w. 35, 36

47 "O are emon epwe rongorong Ai kewe kapas nge esap luku, Ngang Usap apwungu i; pun Use feito pwe Upwe apwungu fonufan nge pwe Upwe amanawa fonufan.

48 "Mi wor met epwe apwungu iön mi pöppöniei o esap etiwa Ai kewe kapas—ewe kapas Ngang Ua fen apasa epwe apwungu i lon ewe sopwolon ran.

49 "Pun Ngang Usap kapas won pwisin Ai nemenem; nge ewe Sam mi tinieito A ngeniei eu alluk, met Upwe apasa pwal met Upwe aani kapas.   8:38 • Deut. 18:18

50 "O Ua silei pwe An alluk iei manaw esemwuch. Iei minne, met chok Ngang Ua apasa, Ua apasa usun chok ewe Sam A fen ureniei."

Jesus A Tolu Pachapachen Noun Kewe Chon Kaeo

13 Iwe, mwen ewe Fetellapen Passofer, lupwen Jesus A silei pwe a war An we fansoun pwe Epwe feilo seni ei fonufan ngeni ewe Sam, I A fen tongei pwisin Noun kewe mi nom lon fonufan, o A tongei ir tori lesopwolon.

2 Iwe, lupwen a wes ewe fansoun mwongon lekuniol, ewe tefil a fen atolonga lon letipen Judas Iskariot, noun Simon we, pwe epwe afangema I,   6:70; 13:27

3 nge Jesus A silei pwe ewe Sam A fen fangelong mettoch meinisin lepoun, pwal pwe I A feito seni Kot o Epwe le feilo ren Kot,

4 iwe, A uta seni ewe mwongon lekuniol o A pwilitätiw ufan kewe, A angei echö taul o rii ngeni pwisin lukalapan.

5 Mwirin ena, I A niinalong kolik lon eu sepi o A poputa le tolu pachapachen ekkewe chon kaeo, o A tolupwaser ngeni ewe taul mi rii ngeni I.

6 Mwirin, I A feito ren Simon Peter. O Peter a apasa ngeni I, "Samol, En Kopwe tolu pachapachei?"   Mat. 3:14

7 Jesus A poluweni o apasa ngeni

i, "Iei en kosap weweiti minne Ua fori, nge kopwe le silei me mwirin ei."   w. 19

8 Peter a apasa ngeni I, "En Kosap fokkun tolu pachapachei!" Jesus A poluweni i, "Are Ngang Usap limetuk, iwe, esap wor leeniom rei."

9 Simon Peter a apasa ngeni I, "Samol, sap chok pachapachei, pwe pwal pei me mokurei!"

10 Jesus A apasa ngeni i, "Emon mi fen tutu a osun an epwe chok tölu pachapachan, nge a unusen limelimöch; o ami oua limelim- öch, nge sap ami meinisin."   15:3

11 Pun I A silei iö ewe epwe afangema I; iei minne I A apasa, "Sap ami meinisin oua lime- limöch."

12 Iwe, mwirin An A tölu pacha- pacher kewe, A angei ufan kewe o mótsefalitiw, iwe, A apasa ngeniir, "Ami oua silei met Ngang Ua fen fori ngeni kemi?

13 "Ami oua kokkori ngeniei Sense me Samol, o mi pwung minne oua apasa, pun ina met Ngang.

14 "Iwe, are Ngang, ami Samol me Sense, Ua fen tölu pacha- pachemi, iwe, pwal ami oupwe tolu pachapachemi fengen lefi-

lemi.   Luke 22:27 • 1 Pet. 5:5

15 "Pun Ngang Ua ngeni kemi eu leenien appiru, pwe ami oupwe fori usun minne Ngang Ua fen fori ngeni kemi.

16 "Enlet, enlet, Ua apasa ngeni kemi, emon chon angang esap lap seni an masta; pwal emon mi tiitilo esap lap seni ewe mi tinalo i.
                          Mat. 10:24; Luke 6:40

17 "Are oua silei ekkei mettoch, oupwe pwapwa are oupwe foriir.

"Emon Leimi Epwe Afangemaei"
18 "Use kapas usumi meinisin. Ua silei iö kana Ua fen filata; nge pwe epwe pwonueta minne a mak lon Ekkewe Taropwe Mi Pin, 'Ewe a fitiei le mwongo pilawa a ekieta epinipinin pechen ngeniei.'
                          Kol F. 41:9; Mat. 26:23

19 "Iei Ua ureni kemi me mwen an epwe fis, pwe lupwen Epwe fis, oupwe luku pwe Ngang I.
                                          14:29

20 "Enlet, enlet, Ua apasa ngeni kemi, iö a etiwa chókana Ngang Ua tiniireto, a etiwaei; o iö a etiwaei a etiwa ewe Emon mi tinieito."   Mat. 10:40; Luke 10:16

21 Lupwen Jesus A wes le apasa ekkei mettoch, I A osukosuk lon ngunun, o A pwarata o apasa,

"Enlet, enlet, Ua apasa ngenikemi, emon leimi epwe afangemaei." 12:27 • Fof. 1:17

22 Mwirin, ekkewe chon kaeo ra nenne fengen lefiler, pun a rukoruk ekiekin letiper ren ika iö we I A kapas usun.

23 Iwe, emon me lein Noun kewe chon kaeo, ewe emon Jesus A tongei, a ullu ngeni fan mwarin Jesus.

24 Iei minne, Simon Peter a chimweri atewe pwe epwe eis ika iö ewe I A kapas usun.

25 Mwirin, atewe a ullusefal ngeni fan mwarin Jesus, o a apasa ngeni I, "Samol, epwe iö na?"

26 Jesus A poluweni, "I atewe Ngang Upwe ngeni ekis ewe pilawa mwirin ai ottuku." O mwirin An ottuku ewe pilawa, I A ngeni Judas Iskariot, noun Simon.

27 Iwe, mwirin ewe ekis pilawa, Satan a tolong lon atewe. Mwirin Jesus A apasa ngeni i, "Minne kopwe fori, kopwe chok mwitir fori." Luke 22:3

28 Nge esap wor emon mi nom unukun ewe chepel a silei popun An apasa ei ngeni atewe.

29 Pun ekkoch ra ekieki, pokiten ewe pworun móni a nom ren Judas, pwe Jesus A apasa ngeni i, "Kopwe möni ekkewe mettoch sia osupwang ren faniten ewe fetellap," are pwe atewe epwe fangelo och ngeni ekkewe mi woungaw. 12:6

30 Mwirin an angei ewe ekis pilawa, i a mwitir tou lukun. Nge ei *ótun* a pwin.

Eu Alluk Mi Fö

31 Iei minne, lupwen atewe a tou lukun, Jesus A apasa, "Iei ewe Noun Aramas A lingelo, o Kot A lingelo lon I.

32 "Are Kot A lingelo lon I, Kot Epwe pwal elingalo I lon pwisin I, nge Epwe mwitir elingalo I. 12:23

33 "Kukkun semirit, Upwe nonnom remi lon ekis chok fansoun. Oupwe kuttaei; o usun Ua fen apasa ngeni ekkewe chon Jews, iei Ua pwal apasa ngeni kemi, 'Ikewe Ngang Upwe feilo ie, ami ousap tongeni feito.'

34 "Ngang Ua ngeni kemi eu alluk mi fö, pwe oupwe tong fengen lefilemi; usun chok Ua fen tongei kemi, pwe ami oupwe pwal tong fengen lefilemi.

35 "Ren ei, meinisin repwe silei pwe ami Nei chon kaeo, are epwe wor ami tong fengen lefilemi."

Jesus A Oosuni An Peter Epwe Amaam I

36 Simon Peter a apasa ngeni I, "Samol, ia Kopwe feilo ie?" Jesus A poluweni i, "Ikeweia Ngang Upwe feilo ie, en kosap tongeni kopwe tapweto mwiri iei, nge mwirin, kopwe tapweto mwiri."

37 Peter a apasa ngeni I, "Samol, pwata usap tongeni tapwelo mwirum iei? Ngang upwe isetiw manawei fanasengesum."

Mat. 26:33; Mark 14:29

38 Jesus A poluweni i, "Kopwe isetiw manawom fanasengesi? Enlet, enlet, Ua apasa ngonuk, ewe atemwänin chuko esap kökkö tori om kopwe amaam Ngang fan ulungat.

Ewe Al, Ewe Enlet, Me Ewe Manaw

14 "Ousap mwut ngeni letipemi an epwe osukosuk; oua luku lon Kot, oupwe pwal luku lói.   w. 27

2 "Mi wor chommong leeni lon imwen semei; are esap iei usun, Ngang Upwe fen ureni kemi. Ngang Upwe feilo pwe Upwe amollata eu leeni fanitemi.

3 "O are Upwe feilo o amollata eu leeni fanitemi, Upwe liwin-sefalito o angei kemi ngeniei; pwe ikewe Ngang Ua nonnom ie, ami oupwe pwal nonnom ie.

4 "O ami oua silei ian Ngang Upwe feilo ie, oua pwal silei ewe al."

5 Thomas a apasa ngeni I, "Samol, am aisap silei ian Kopwe feilo ie, o epwe ifa usun am aipwe tongeni silei ewe al?"

6 Jesus A apasa ngeni i, "Ngang ewe al, ewe enlet, me ewe manaw. Ese wor emon epwe feito ren ewe Sam chilon chok me lói. 8:32 • 10:9

Jesus A Pwäri Ewe Sam

7 "Ika oupwe fen sileei, oupwe fen pwal silei Semei we; o seni iei feilo ami oua silei I o oua fen kuna I."

8 Filip a apasa ngeni I, "Samol, Kopwe pwäri ngeni kem ewe Sam, o aipwe menemenöch ren."

9 Jesus A apasa ngeni i, "Ifa usun, Ngang Ua fen nom remi lon fansoun langatam, nge en kose mwo sileei, Filip? Ewe mi fen kunaei a fen kuna ewe Sam; iei minne, ifa usun om ka tongeni apasa, 'Kopwe pwäri ngeni kem ewe Sam'?   Kol. 1:15; Ipru 1:3

10 "Ifa usun, kose luku pwe Ngang Ua nom lon ewe Sam, o

ewe Sam *A nom* lói? Ekkewe kapas Ngang Ua apasa ngeni kemi Ngang Usap apaser won pwisin Ai tufich; nge ewe Sam mi nonnom lói A fori ekkewe angang.

10:38 • 5:19

11 "Oupwe lukuei pwe Ua nom lon ewe Sam o ewe Sam *A nom* lói, are lukuei fanasengesin chok ekkewe angang. 5:36

Iotek Lon Iten Jesus

12 Enlet, enlet, Ua apasa ngeni kemi, iö a luku lói, epwe pwal fori ekkewe angang Ngang Ua fori; o epwe fori ekkoch angang mi lap seni ekkei, pokiten Ngang Upwe feilo ren Semei we.

13 "O met chok oupwe tungor lon itei, ina Ngang Upwe fori, pwe ewe Sam Epwe lingelo lon ewe Nau. 1 John 3:22

14 "Ika oupwe tungor och mettoch lon itei, Ngang Upwe fori.

Jesus A Pwon Pwe Epwe War Pwal Emon Chon Alilis

15 "Are oua tongeei, oupwe tumwunu Ai kewe alluk. 1 John 5:3

16 "O Ngang Upwe tungorei ewe Sam, o I Epwe fang ngeni kemi pwal Emon Chon Alilis, pwe I Epwe nonnom remi feilfeilo chok— 15:26

17 "Ewe Ngunun let, I Ewe fonufan esap tongeni etiwa, pun esap kuna I ika silei I; nge ami oua silei I, pun I A nonnom remi o Epwe nonnom lómi.

18 "Usap likitikemilo pwe oupwe chon mäsen; Upwe feito remi.

Ewe Sam Me Ewe Nau Repwe Imweimw Lóch

19 "Ekiselo chok o fonufan esap chuen kunaei, nge ami oupwe kunaei. Pokiten Ngang Ua manaw, ami oupwe pwal manaw.

16:16 • 1 Kor. 15:20

20 "Lon ena ran ami oupwe silei pwe Ngang Ua nom lon Semei, o ami lon Ngang, o Ngang lon ami.

21 "Iö a nom ren Ai kewe alluk o a tumwunur, ina i ewe mi tongeei. O ewe mi tongeei epwe kuna tongan me ren Semei we, o Ngang Upwe tongei i o pwarieilo ngeni i."

22 Judas (sap Iskariot) a apasa ngeni I, "Samol, ifa usun Om Kopwe pwärukelo ngeni kem, nge sap ngeni fonufan?"

23 Jesus A poluweni o apasa ngeni i, "Are emon a tongeei, i epwe tumwunu Ai kapas; o Semei we Epwe tongei i, o Am Aipwe

feito ren i o fori Am leenien wilipos ren i. 1 John 2:24; Pwar. 3:20

24 "Iö esap tongeei esap tumwunu Ai kewe kapas; o ewe kapas oua rong esap Ai, pwe An ewe Sam mi tinieito.

"Ngang Ua Fang Ngeni Kemi Ai Kinamwe"

25 "Ngang Ua fen apasa ekkei mettoch ngeni kemi lupwen Ai nonnom remi.

26 "Nge ewe Chon Alilis, ewe Ngun mi Fel, ewe Emon ewe Sam Epwe tinato lon itei, I Epwe aiti kemi mettoch meinisin, o achema ngeni kemi mettoch meinisin minne Ngang Ua fen apasa ngeni kemi.   2:22

27 "Ngang Ua likitätiw remi kinamwe, Ngang Ua fang ngeni kemi Ai kinamwe; Ai fang ngeni kemi esap usun an fonufan fang. Ousap mwut ngeni letipemi an epwe osukosuk, are mwut ngeni an epwe nuokus.   Filip. 4:7

28 "Oua fen rong Ai apasa ngeni kemi, 'Ngang Upwe feilo o pwal liwinsefalito remi.' Are oua tongeei, iwe, oupwe fen meseik pokiten Ai Ua apasa, 'Upwe feilo ren ewe Sam,' pun Semei A lapalap seniei.

29 "O iei Ua fen ureni kemi me mwen an epwe fis, pwe lupwen epwe fis, ami oupwe luku.

30 "Ngang Usap chuen kapas chommong ngeni kemi, pun ewe sou-nemenemen ei fonufan a feito, o esap wor och minne an lói.

31 Nge pwe fonufan epwe silei pwe Ngang Ua tongei ewe Sam, o usun chok ewe Sam A alluk ngeniei, pwal ina chok usun met Ngang Ua fori. Oule uta, sipwe feilo seni ikei.   10:18

Ewe Ira Mi Enlet

15 "Ngang ewe ira mi enlet, o Semei I ewe sou-tanipi.

2 "I A uwealo iteiten palan wói esap uwa; o A limeti iteiten palan mi uwa, pwe epwe chommongelo uwan.   Mat. 15:13

3 "Ami oua fen limelimöch pokiten ewe kapas Ngang Ua fen apasa ngeni kemi.

4 "Oupwe nonnom lon Ngang, pwal Ngang lon ami. Usun chok efoch palen ira esap tongeni an epwe pwisin uwa won an, chilon chok ika a nom lon ewe ira, ami ousap pwal tongeni, chilon chok are oupwe nonnom lói.   Kol. 1:23

5 "Ngang ewe ira, nge ami ek-

kewe palan. Ewe mi nonnom lói, o Ngang lon i, epwe uwa chommong; pun luki ousap tongeni fori och.

6 "Are emon esap nonnom lói, epwe koturelo usun efoch palen ira o epwe pwaselo; o ir repwe rusi fengeniir o oturerelong lon ewe ekkei, o repwe karelo.

Mat. 3:10

7 "Are oua nonnom lói, o Ai kewe kapas ra nonnom lómi, oupwe tungor minne oua mochen, o epwe pwonueta ngeni kemi.

8 "Ren ei Semei Epwe lingelo, pwe oupwe uwa chommong; iei usun ami oupwe Nei chon kaeo.

Tong Me Pwapwa Mi Unusöch

9 "Usun chok ewe Sam A fen tongeei, pwal iei chok usun Ai Ua fen tongei kemi; oupwe nonnom lon Ai tong.

10 "Are oupwe tumwunu Ai kewe alluk, oupwe nonnom lon Ai tong, usun chok Ngang Ua tumwunu An Semei kewe alluk o nonnom lon An tong.   14:15

11 "Ngang Ua apasa ekkei mettoch ngeni kemi, pwe Ai pwapwa epwe nonnom lómi, o ami pwapwa epwe urelo.   16:24; 1 John 1:4

12 "Iei Ai alluk, pwe oupwe tong fengen lefilemi usun chok Ngang Ua fen tongei kemi.

13 "Esap wor emon a aani eu tong epwe lap seni ei sokkun, an emon epwe isetiw manawan faniten chienan kewe.

14 "Ami chienei, are oua fori met chok Ngang Ua alluk ngeni kemi.

15 "Ngang Usap chuen kori ngeni kemi pwe ami chon angang, pun emon chon angang esap silei minne an masta a fori; nge Ngang Ua kori ngeni kemi pwe ami chiechiei, pun Ngang Ua fen esile ngeni kemi mettoch meinisin minne Ua rong seni Semei we.

16 "Ami ouse filiei, nge Ngang Ua fili kemi o ewisa kemi pwe oupwe feilo o uwa, o uwämi epwe nonnomolo, pwe met chok oua tungorei ewe Sam lon itei, I Epwe tongeni ngeni kemi.

17 "Ngang Ua alluk ngeni kemi ekkei mettoch, pwe oupwe tong fengen lefilemi.

Kopwutan Me Ren Fonufan

18 "Are fonufan a opwut ami, ami oua silei pwe a fen akkomwen opwut Ngang mwen an opwut ami.   1 John 3:13

19 "Are ami seni fonufan, iwe,

fonufan epwe tongei pwisin noun. Nge pokiten ami ousap seni fonufan, nge Ngang Ua filikemiwu seni fonufan, iei popun fonufan a opwut ami. 1 John 4:5 • 17:14

20 "Chechemeni ewe kapas Ngang Ua apasa ngeni kemi, 'Emon chon angang esap lap seni an masta.' Are ra eriafouei, repwe pwal eriafou kemi. Are ra tumwunu Ai kapas, repwe pwal tumwunu ami kapas. Mat. 10:24

21 "Nge ekkei mettoch meinisin repwe le fori ngeni kemi fanasengesin itei, pokiten resap silei ewe Emon mi tinieito. Mat. 10:22

22 "Are Usap fen feito o kapas ngeniir, iwe, esap wor ar tipis, nge iei esap wor minne repwe aani kunetipingen ren ar tipis. 9:41

23 "Iö a opwut Ngang a pwal opwut Semei we. 1 John 2:23

24 "Are Usap fen fori leir ekkewe angang esap wor pwal emon a fori, iwe, esap wor ar tipis; nge iei ra fen kuna o ra pwal opwut Ngang pwal Semei we.

25 "Nge ei a fis pwe epwe pwonueta ewe kapas mi mak lon ar alluk, 'Ra opwut Ngang nge esap wor popun.'

Kapasen Öuröur Faniten Ninni

26 "Nge lupwen ewe Chon Alilis Epwe feito, ewe Ngang Upwe tinato remi seni ewe Sam, ewe Ngunun let mi feito seni ewe Sam, I Epwe pwarata usi.

27 "O ami oupwe pwal pwarata, pokiten ami oua nonnom rei seni lepoputan. Luke 1:2

16 "Ngang Ua fen apasa ekkei mettoch ngeni kemi, pwe ami ousap chepetek.

2 "Ir repwe atou kemi seni ekkewe sinakok; ewer, ewe fansoun epwe feito pwe iö epwe niikemilo epwe ekieki pwe a fori och angang faniten Kot.

9:22; Fof. 8:1; 26:9 • 1 Tim. 1:13

3 "O repwe fori ekkei mettoch ngeni kemi pokiten ir resap silei ewe Sam are Ngang.

4 "Nge Ngang Ua fen ureni kemi ekkei mettoch, pwe lupwen ewe fansoun epwe war, iwe, oupwe chechemeni pwe Ngang Ua fen ureni kemi usur. O Ngang Use apasa ekkei mettoch ngeni kemi me lepoputan, pokiten Ua nonnom remi.

Angangen Ewe Ngun Mi Fel

5 "Nge iei Ngang Upwe le feilo ngeni Atewe mi tinieito, o esap

wor emon leimi a eisiniei, 'Ia Kopwe le feilo ie?'

6 "Nge pokiten Ua fen apasa ekkei mettoch ngeni kemi, letipemi a uroló ren ami letipeta.

7 "Nge Ua ureni kemi ewe let. A fen mwirino ngeni kemi pwe Ngang Upwe feilo; pun are Usap feilo, iwe, ewe Chon Alilis Esap feito remi; nge are Upwe feilo, Upwe tinato I remi.

8 "O lupwen I Epwe feito, Epwe ettipisi fonufan ren tipis, pwal ren pwung, pwal ren kapwung;

9 "ren tipis, pokiten ir resap luku lói;

10 "ren pwung, pokiten Ngang Upwe feilo ren Semei we, o ami ousap chuen kunaei;   Fof. 2:32

11 "ren kapwung, pokiten ewe sou-nemenemen ei fonufan a kuna kapwung.

12 "A chuen wor chommong mettoch minne Upwe apasa ngeni kemi, nge ami ousap tongeni engilo fár iei.

13 "Nge, lupwen I, ewe Ngunun let, Epwe feito, I Epwe emweni-kemilong lon let meinisin; pun I Esap kapas won pwisin An tufich, nge met chok I A rong Epwe apasa; o Epwe ureni kemi usun ekkewe mettoch repwe feito.

14 "I Epwe elingaeilo, pun I Epwe angei minne Ai o pwäri ngeni kemi.

15 "Mettoch meinisin minne ewe Sam A aani, Ai. Iei minne Ua apasa pwe I Epwe angei minne Ai o pwari ngeni kemi.   3:35

Letipechou Epwe Wiliti Pwapwa

16 "Epwe ekiselo chok, iwe, ousap chuen kunaei; o pwal ekiselo chok, iwe, oupwe kunaei, pokiten Ngang Upwe le feilo ren ewe Sam."   13:3

17 Mwirin, ekkoch Noun kewe chon kaeo ra kapas fengen lefiler, "Met ei I A apasa ngeni kich, 'Epwe ekiselo chok, iwe, ousap chuen kunaei; o pwal ekiselo chok, iwe, oupwe kunaei'; pwal, 'pokiten Ngang Upwe le feilo ren ewe Sam'?"

18 Iei minne ra apasa, "Met ei I A apasa, 'Ekiselo chok'? Sisap silei met ei I A apasa."

19 Iwe, Jesus A silei pwe ra mochen kapas eis ngeni, o I A apasa ngeniir, "Oua eis fengen lefilemi usun met Ua apasa, 'Epwe ekiselo chok, iwe, ousap chuen kunaei; o pwal ekiselo chok, iwe, oupwe kunaei'?

20 "Enlet, enlet, Ua apasa ngeni

kemi pwe ami oupwe kechiw o ngungures, nge fonufan epwe meseik; o ami oupwe letipechou, nge ami letipechou epwe wiliti pwapwa.

21 "Lupwen emon fefin a metekin nounou, i a letipechou pun a tori an fansoun; nge mwirin chok an nounatiw ewe monukol, neminewe esap chuen chechemeni ewe riafou, pun ren pwapwan an emon aramas a upulong lon fonufan.

22 "Iei minne a wor ami letipechou iei; nge Ngang Upwe kuna sefali kemi o letipemi epwe meseik, o esap wor emon epwe angei seni kemi ami pwapwa.

23 "O lon enan ranin ousap chuen eisiniei och mettoch. Enlet, enlet, Ua apasa ngeni kemi, met chok oupwe tungorei ewe Sam lon itei, I Epwe ngeni kemi.

Mat. 7:7

24 "Tori iei ami ousap mwo tungor och mettoch lon itei. Oupwe tungor, iwe, oupwe angei, pwe ami pwapwa epwe uroló.

15:11

Jesus Kraist A Fen Okkufu
Fonufan

25 "Ngang Ua fen apasa ngeni kemi ekkei mettoch lon kapas mwönunnur; nge ewe fansoun epwe feito lupwen Ngang Usap chuen kapas ngeni kemi lon kapas mwönunnur, nge Upwe ureni kemi usun ewe Sam lon kapas mi fatafatöch.

26 "Lon enan ranin ami oupwe tungor lon itei, o Ngang Use apasa ngeni kemi pwe Ngang Upwe tungor ngeni ewe Sam fanitemi;

27 "pun pwisin ewe Sam A tongei kemi, pokiten ami oua fen tongeei, o oua fen luku pwe Ngang Ua feito seni Kot.   14:21

28 "Ngang Ua feito seni ewe Sam o feito lon fonufan. Iwe, Upwe tou seni fonufan o feilo ren ewe Sam."   13:3

29 Noun kewe chon kaeo ra apasa ngeni I, "Nengeni, iei Ka afatalo Om kapas, o Kese kapas lon fos mwönunnur!

30 "Iei am aia wesewesen silei pwe En Ka silei mettoch meinisin, o Kosap osun an emon epwe eisinuk och. Ren ei am aia luku pwe En Ka feito seni Kot."   17:8

31 Jesus A poluweniir, "Iei oua luku?

32 "Enlet, ewe fansoun epwe feito, ewer a fen war, pwe ami oupwe toropaselo ngeni en me

leenian, o oupwe likitieilo won pwisin Ai. Nge Ngang Use emönulo chok, pun ewe Sam A nonnom rei.

33 "Ua fen apasa ekkei mettoch ngeni kemi, pwe epwe wor ami kinamwe lói. Lon fonufan epwe wor ami riafou: nge oupwe chok apilukuluk allim; Ngang Ua fen okkufu fonufan.

Jesus A Iotek Pwisin Fanitan

17 Jesus A apasa ekkei kapas, A sacheta lang, o apasa: "Semei, a war ewe fansoun. Kopwe elingalo Noum we, pwe Noum we Epwe pwal elingókelo, 2 pun Ka fen ngeni I nemenem won fituk meinisin, pwe I Epwe fang manaw esemwuch ngeni ir meinisin En Ka fen fang ngeni I.

Dan. 7:14

3 O iei manaw esemwuch, pwe repwe silei En, ewe Emon chok Kot mi let, pwal Jesus Kraist ewe Ka tinato. Ais. 53:11

4 "Ngang Ua fen elingókelo won fonufan. Ua fen awesalo ewe angang En Ka ngeniei pwe Upwe fori.

5 "Iwe, iei, O Semei, Kopwe elingaeilo fiti fengen me pwisin En, ren ewe ling Ngang Ua etuk le aea me mwen an fonufan a fis.

Jesus A Iotek Faniten Noun Kewe Chon Kaeo

6 "Ngang Ua fen pwaralo itom ngeni ekkewe aramas En Ka ngeniei seni fonufan. Ir fen Noum, En Ka fangeto ir ngeniei, o ra fen tumwunu Om kapas.

7 "Iei ir ra fen silei pwe mettoch meinisin En Ka fen ngeniei ra feito senuk.

8 "Pun Ua fen ngeniir ekkewe kapas En Ka fen ngeniei; o ra fen etiwer, o ra fen wesewesen silei pwe Ngang Ua feito senuk; o ra fen luku pwe En Ka tinieito.

9 "Ngang Ua iotek faniter. Use iotek faniten fonufan pwe faniten chókana En Ka fen ngeniei, pun ir Noum. 1 John 5:19

10 "O meinisin minne Ai, Om, pwal minne Om, Ai, o Ngang Ua lingelo lór.

11 "Iei Ngang Usap chuen nonnom lon fonufan, nge chókei ra nom fonufan, o Ngang Upwe feito reom. Semei mi Pin, Kopwe tumwunu lon itom chókewe En Ka fen ngeniei, pwe ir repwe eu chok, usun chok Kich. Ef. 4:25

12 "Lupwen Ua nonnom rer lon fonufan, Ngang Ua tumwunur

lon itom. Ngang Ua mammasa chókewe En ka ngeniei; o esap wor emon leir a poutulo, chilon chok ewe noun kiteter, pwe ewe Taropwe mi Pin epwe pwonueta.

13 "Nge iei Upwe feito reom, o Ngang Ua apasa ekkei mettoch lon fonufan, pwe Ai pwapwa epwe unusöchulo lon pwisin ir.

14 "Ngang Ua fen ngeniir Om kapas; o fonufan a opwut ir pokiten ir resap seni fonufan, usun chok Ngang Usap seni fonufan.

15 "Use iotek pwe Kopwe angeirewu seni fonufan, nge pwe Kopwe tumwunur seni ewe emon mi ingaw.

16 "Esap ir seni fonufan, usun chok Ngang Usap seni fonufan.

17 "Kopwe epiniirelo ren Om let. Om kapas mi let.

18 "Usun chok En Ka tinieilong lon fonufan, Ngang Ua fen pwal tiniirelo lon fonufan.

19 "O Ua pwisin epinieilo fanasengesir, pwe pwal ir repwe epinipinilo ren ewe let.

Jesus A Iotek Faniten Chon Luku Meinisin

20 "Use iotek faniten ekkei chok, pwe pwal faniten ir ekkewe repwe le luku lói pokiten ar kapas;

21 "pwe ir meinisin repwe eu chok, usun chok En, Semei, Ka nonnom lói, o Ngang lon En; pwe ir repwe pwal eu lóch, pwe fonufan epwe luku pwe En Ka tinieito.   10:16

22 "O ewe ling En Ka fen ngeniei, Ngang Ua fen ngeniir, pwe repwe eu chok, usun chok Kich Sia eu:

23 "Ngang lon ir, o En lon Ngang; pwe repwe unusöchulo lon chok eu, pwal pwe fonufan epwe silei pwe En Ka tinieito, o Ka fen tonger usun chok Om Ka fen tongeei.

24 "Semei, Ua mochen pwe ekkewe ir En Ka fen ngeniei repwe pwal nom rei ikeweia Ngang Ua nonnom ie, pwe repwe kuna Ai ling, minne En Ka fen ngeniei; pun En Ka tongeei me mwen a fis longolongun fonufan.

25 "Oh Semei mi pwung! Fonufan esap sileek, nge Ngang Ua fen sileek; o chókei ra fen silei pwe En Ka tinieito.

26 "O Ngang Ua fen pwäri ngeniir itom, o Upwe le pwarata, pwe ewe chok tong En Ka tongeei ren epwe nonnom lon ir, pwal Ngang lon ir."   15:9

Jesus A Kuna Afangema A Pwal Arres Me Lon Ewe Tanipi

18 Lupwen Jesus A wes le apasa ekkei kapas, I A tou fiti Noun kewe chon kaeo *o ra* pwerelo epek ewe Chanpwupwu Kidron, ikeweia a wor ie eu tanipi, iwe, I me Noun kewe chon kaeo ra pwerelong lon.

2 Iwe, Judas, ewe a afangema I, a pwal silei ewe leeni; pun fan chommong Jesus me Noun kewe chon kaeo ra mwich fengen ikewe.

3 Iwe, mwirin an Judas a fen angei eu mwichen sounfiu, pwal ekkoch chon mas seni ekkewe sou-asor mi lap me ekkewe Farisi, i a feito ikeweia fan lamp, töl, me pisekin maun.

4 Jesus A silei mettoch meinisin minne epwe le fis ngeni I, iei minne, I A pwerelo mwan o apasa ngeniir, "Iö oua kutta?"

5 Ra poluweni I, "Jesus seni Nazareth." Jesus A apasa ngeniir, "Ngang Atena." O Judas, ewe a afangema I, a pwal uta rer.

6 Iwe, lupwen I A apasa ngeniir, "Ngang Atena," ra timarsefal o turulo lepwul.

7 Iwe, I A pwal eisinisefaliir, "Iö oua kutta?" O ra apasa, "Jesus seni Nazareth."

8 Jesus A poluweni, "Ua fen ureni kemi pwe Ngang Atena. Iei minne, are oua kuttaei, oupwe mwut ngeni ekkei mwan ar repwe feilo,"

9 pwe epwe pwonueta ewe kapas I A fen apasa, "Esap wor emon a poutulo seniei me lein ekkewe En Ka fen ngeniei."   17:12

10 A wor ren Simon Peter efoch ketilas, iwe, *i a* uttawu o pöku ewe chon angang noun ewe sou-asor mi lap, o pökuelo peliifichin selingan. Iten ewe chon angang, Malkus.   Mat. 26:51

11 Iei minne Jesus A apasa ngeni Peter, "Kopwe isenalong noum ketilas lon tukutukun. Ifa usun, Ngang Usap un seni ewe kap Semei A fen ngeniei?"

Fan Mesen Ewe Sou-Asor Mi Lap

12 Iwe, ewe mwichen sounfiu me ewe meilapen sounfiu pwal ekkewe chon mas seni ekkewe chon Jews ra turufi Jesus o fötekini I.

13 O ra emwenalo I ren Annas akkomw, pun i semen pwuluwen Kaiafas, ewe sou-asor mi lap lon ena ier.

14 Iwe, Kaiafas i ewe a öuröura

ekkewe chon Jews pwe epwe le fen mwirino an emon mwan epwe malo faniten ekkewe aramas.

Peter A Amaam Jesus

15 Iwe, Simon Peter a tapwelo mwirin Jesus, iwe, pwal emon chon kaeo a pwal fori usun ewe chok. Iwe, ena chon kaeo mi sil me ren ewe sou-asor mi lap, iwe, a fitalong Jesus lon utten ewe sou-asor mi lap.   Mat. 26:58

16 Nge Peter a uta lukun, unukun ewe asam. Mwirin, ewe emon chon kaeo, ewe mi sil me ren ewe sou-asor mi lap, a tou o kapas ngeni neminewe mi wisen tumwunu ewe asam, o a atolonga Peter.

17 Iwe, ewe chon angang nengin mi wisen tumwunu ewe asam a apasa ngeni Peter, "Sap fen en pwal emon Noun ei Mwan kewe chon kaeo?" I a apasa, "Sap ngang."

18 Iwe, ekkewe chon angang me ekkewe chon mas ra fen sóni eu ekkei seni mwoli, iwe ra ukkuta ikeweia, pun a patapat, o ra arareer. Iwe, Peter a ukkuta rer o akkarara i.

Ewe Sou-Asor Mi Lap A Kapas Eis Ngeni Jesus

19 Iwe, ewe sou-asor mi lap a eisini Jesus usun Noun kewe chon kaeo me An kait.

20 Jesus A poluweni i, "Ngang Ua kapas ngeni fonufan le pwäppwälo. Iteiten fansoun, Ngang Ua afalafal lon ekkewe sinakok pwal lon ewe imwenfel, ikewe ekkewe chon Jews ra mwich fengen ie iteiten fansoun, o Use apasa och le monomon.   Mat. 26:55; Luke 4:15

21 "Pwata ka eisiniei? Kopwe eisini chókana mi fen rongorong ngeniei, met Ngang Ua apasa ngeniir. Ir ra wesewesen silei met Ua apasa."   Fof. 23:1-5

22 O lupwen I A wes le apasa ekkei mettoch, emon ekkewe chon mas mi ukkuta unukun a pösapei Jesus, o apasa, "Iei usun Om poluweni ewe sou-asor mi lap?

23 Jesus A poluweni i, "Are Ua kapas ingaw, kopwe pwarata usun ewe ingaw; nge are mi pwung, pwata ka pösapeei?"

24 Iwe, Annas a tinalo I ngeni Kaiafas ewe sou-asor mi lap, nge I mi chok föfö.   Mat. 26:57

Peter A Pwal Amaam Jesus

25 Iwe, Simon Peter a ukkuta o akkarara i. Iei minne ra apasa ngeni i, "Sap en pwal emon lein Noun kewe chon kaeo?" Atewe a amaam o apasa, "Sap ngang!"

26 Emon me lein noun ewe sou-asor mi lap kewe chon angang, i märärin atewe Peter e pökuelo selingan, a apasa, "Ngang usap fen kunok ren Atewe me lon ewe tanipi?"   Mat. 26:51; Mark 14:47

27 Iwe, Peter a pwal amaam sefal; o lon ewe chok otun emon atemwänin chuko a kökkö.

Jesus Mwen Mesen Pailat

28 Iwe, ra emwenalo Jesus seni Kaiafas ngeni ewe *Praetorium, nge ei otun a chok lesosorusich. Nge pwisin ir resap tolong lon ewe Praetorium, pwe rete limengaw, nge repwe tongeni eni ewe mwongon Passofer.

                [ewe leenien kapwung]

29 Iwe, Pailet a tou rer o apasa, "Met sokkun otuttur oua oturu ei Mwan won?"

30 Ra poluweni o apasa ngeni i, "Ika esap I emon chon foffor ingaw, iwe, am aisap afangema I ngonuk."

31 Iwe, Pailet a apasa ngeniir, "Oupwe angei I o apwungu I alongolong won ami alluk." Iei minne ekkewe chon Jews ra apasa ngeni i, "Ese mwumwuta ngeni kem pwe aipwe nielo emon,"

32 pwe epwe pwonueta alon Jesus we, minne I A apasa, o esisilata met sokkun malo I Epwe määni.
                12:32, 33 • Mat. 20:19

33 Iwe, Pailet a pwal tolong sefal lon ewe Praetorium, a kori Jesus, o apasa ngeni I, "En ewe Kingen chon Jews?"

34 Jesus A poluweni i, "Ifa usun, ka pwisin kapas fanitom usun ei, ika ekkoch ra urenuk ei usi?"

35 Pailet a poluweni, "Ifa usun, Ngang emon chon Jews? Pwisin aramasen fonuom me ekkewe sou-asor mi lap ra afangema En ngeniei. Met Ka fen fori?"

36 Jesus A poluweni, "Mwuui esap seni ei fonufan. Ika mwuui epwe seni ei fonufan, iwe, Nei kewe chon angang repwe fiu, pwe Ngang Usap oolong lepoun ekkewe chon Jews; nge iei, mwuui esap seni ikei."   6:15

37 Iei minne Pailet a apasa ngeni I, "Iwe, En emon king?" Jesus A poluweni, "Mi pwung om apasa pwe Ngang Emon King. Ren ei popun Ua uputiw, o ren ei popun

Ngang Ua feito lon fonufan, pwe
Upwe pwarata usun ewe let.
Iteiten aramasen ewe let a
auselinga mweliei."

38 Pailet a apasa ngeni I, "Met
let?" O mwirin an apasa ei, i a
pwal tou sefal ren ekkewe chon
Jews, o apasa ngeniir, "Use fok-
kun kuna och tipis lon Atei. 19:4, 6

Jesus A Siwili Barabbas
39 "Nge a wor eu ami öruni pwe
Ngang upwe omwusawu emon
ngeni kemi lon ewe fansoun Pass-
ofer. Iei minne, oua mochen pwe
ngang upwe omwusawu ngeni
kemi ewe Kingen chon Jews?"

Mat. 27:15; Mark 15:6

40 Iwe, ir meinisin ra pwal puchor
sefalita, o apasa, "Esap ei Mwan,
pwe Barabbas!" Iwe, Barabbas
emon chon sola.

Fof. 3:14 • Luke 23:19

Ekkewe Sounfiu Ra Turunufasei Jesus

19 Iwe mwirin, Pailet a angei
Jesus o wichi I.
2 O ekkewe sounfiu ra piti epa
mwaramwar seni iraföluföl o
uwätä won mokuran, o ra oufoufa
ngeni I echö uuf mi anuen forket.
3 Mwirin ra apasa, "Kapongen

pwapwa ngenuk, Kingen chon
Jews!" O ra pösapei I.

4 Iwe, Pailet a pwal tou sefal, o
apasa ngeniir, "Nengeni, upwe le
emwenawu Atewe remi, pwe
oupwe silei pwe ngang usap kuna
och tipis lon I."

Pailat A Filata Met Epwe Fori Ngeni Jesus
5 Mwirin, Jesus A tou nge A
mwaramwar ewe mwaramwaren
iraföluföl o *ufouf* ewe uuf mi
anuwn forket. O Pailet a apasa
ngeniir, "Nengeni ewe Mwan!"
6 Iwe, lupwen ekkewe sou-asor
mi lap me ekkewe chon mas ra
kuna I, ra puchöruta, o apasa,
"Irapengesi I, irapengesi I!"
Pailet a apasa ngeniir, "Ami
oupwe angei I o irapengesi I, pun
ngang usap kuna och tipis lon I."
7 Ekkewe chon Jews ra poluweni
i, "Mi wor eu am alluk, o alongo-
long won am we alluk I Epwe
fokkun malo, pokiten I A pwisin
föralo pwe I ewe Noun Kot."
8 Iei minne, lupwen Pailet a rong
ena kapas, a lapelo an nuokus,
9 iwe, a tolong sefal lon ewe
Praetorium, o apasa ngeni Jesus,
"En seni ia?" Nge Jesus Esap
poluweni i.   Ais. 53:7

10 Iwe, Pailet a apasa ngeni I, "Kosap kapas ngeniei? Kosap silei pwe mei wor ai nemenem ai upwe irapengesuk, me ai nemenem ai upwe angasókelo?"

11 Jesus A poluweni, "Esap fokkun wor och om nemenem wói, chilon chok ika epwe fen kawor ngenuk seni asan. Iei minne, tipisin ewe emon mi afangemaei ngenuk a chok lapelo."

12 Seni ena fansoun feilo, Pailet a kutta pwe epwe angasalo I, nge ekkewe chon Jews ra puchoruta, o apasa, "Are kopwe angasalo ei Mwan, iwe, esap en chienen Sisar. Iö a pwisin föralo pwe i emon king a kapasen u ngeni Sisar."

13 Iei minne, lupwen Pailet a rong ena kapas, i a emwenawu Jesus o a mótiw won ewe leenien mótun kapwung won ewe leeni itan Ewe Ses, nge lon kapasen Ipru, Gabbatha.

14 Iwe, iei ewe Ranin Amollata faniten ewe Passofer, *orun ewe awonuen awa. O i a apasa ngeni ekkewe chon Jews, "Nengeni ami King!" [orun kulok wonu lesosor]

15 Nge ir ra pupuchor, "Uwealo I, uwealo I! Irapengesi I!" Pailet a apasa ngeniir, "Upwe irapengesi ami King?" Ekkewe sou-asor mi lap ra poluweni, "Ese wor am king lukun Sisar!"

16 Mwirin, i a afangema I ngeniir pwe Epwe irapenges. Iwe, ra angei Jesus o emwenalo.

Mark 15:15; Luke 23:24

Ewe King A Irapenges

17 O I A mwarei An irapenges, o A feiliwu ngeni eu leeni itan ewe Leenien Pön Sokun Mokur, ewe mi iteni lon kapasen Ipru, Golgotha,

18 iei ikeweia ra irapengesi I ie, fiti pwal ruomon, emon a nom epek, pwal emon a nom epek, nge Jesus A nom lukalapan.

19 Iwe, Pailet a makkei och itelap o a uwätä won ewe irapenges. O iei met a mak:

JESUS SENI NAZARETH, EWE KINGEN CHON JEWS.

20 Mwirin, chommong lein ekkewe chon Jews ra aleani ei itelap, pun ewe leeni ian Jesus A irapenges ie mi chok arap ngeni ewe telinimw; o a mak lon kapasen Ipru, Kris, me Latin.

21 Iei minne noun ekkewe chon Jews kewe sou-asor mi lap ra

apasa ngeni Pailet, "Kosap mak-kei, 'Ewe Kingen chon Jews,' nge, 'I A apasa, "Ngang ewe Kingen chon Jews."'"　　　19:14, 19

22 Pailet a poluweni, "Minne ua fen makkei, ua fen makkei."

23 Mwirin, lupwen ekkewe soun-fiu ra wes le irapengesi Jesus, ra angei ufan kewe o fori ruanu kinikin, eu kinikin ngeni emon sounfiu, o pwal ewe waawupw. Iwe, ewe waawupw esap wor lekkochun teten, pun a tür-unus seni won *tori lepwulun.*

24 Iei minne, ra kapas fengen lefiler, "Sisap kamwei, nge sipwe mómón dais fanitan, ika iö epwe angei," pwe epwe pwonueta minne mi makketiw lon Ewe Taropwe Mi Pin, a apasa: "Ra eineti ufei lefiler, o ra mómón dais faniten ufei." Iei minne, ekkewe sounfiu ra fori ekkei mettoch.

"Nengeni Inom"

25 Iwe, inan we, me pwiin inan we, Mary pwuluwen Klopas we, me Mary Maktalin ra ukkuta unukun ewe irapengesin Jesus.
Luke 23:49

26 Iwe, lupwen Jesus A kuna inan we, me ewe chon kaeo I A tongei

mi ukkuta unukun, A apasa ngeni inan we, "Fefin, nengeni noum!"
13:23; 20:2

27 Mwirin, A apasa ngeni ewe chon kaeo, "Nengeni inom!" Iwe, seni ena fansoun, ena chon kaeo a uwealo neminewe ngeni pwisin imwan.

"A Wesilo"

28 Mwirin ei, Jesus A silei pwe iei mettoch meinisin ra fen pwonu-eta, iwe, pwe minne mi mak lon Ewe Taropwe Mi Pin epwe pwonueta, I A apasa, "Ua kaka!"

29 Iwe, a wor eu sepi mi nom ikenan mi ur ren finikar; o ra öuralo och farawa ren finikar, ra uwätä won efoch mwuchun his-sop, o ra minätä ngeni awan.
Mat. 27:48

30 Iwe, mwirin An Jesus A angei ewe finikar, I A apasa, "A wesilo!" Iwe, A arowetiw mokuran, o A fangelo ngunun.

Ewe Sounfiu A Posuw Lepekin Jesus

31 Iei minne, pokiten iei ewe Ranin Amollata, ekkewe chon Jews ra tungorei Pailet pwe pecher kewe repwe kupukup o repwe uweirelo, pwe ekkewe

somä resap nonnom won ira-
penges lon ewe Sapat (pun ena
Sapat eu ran mi lap).

32 Mwirin ekkewe sounfiu ra
feito o kupi pechen ewe aemon-
un me pwal ewe emon mi fiti I le
irapenges.

33 Nge lupwen ra feito ren Jesus
o kuna pwe I A fen malo, iwe,
rese kupi pechen kewe.

34 Nge emon me lein ekkewe
sounfiu a posuw lepekin ren
efoch siles, o a mwitir pwuwu
chaa me kolik.   1 John 5:6, 8

35 Iwe, atewe mi kuna a pwarata,
o an pwarata a let; o i a silei pwe i
a apasa ewe enlet, pwe ami oupwe
luku.

36 Pun ekkei mettoch ra fis pwe
epwe   pwonueta   minne   mi
makketiw lon Ewe Taropwe Mi
Pin, "Esap wor efoch chuun
epwe kupukup." Ex. 12:46; Num. 9:12

37 Iwe pwal och minne mi mak
lon Ewe Taropwe Mi Pin a apasa,
"Repwe nennengeni Atewe ra
posuw."   Kol F. 22:16, 17

Ra Peiaseni Jesus Lon Peiasen
Josef Seni Arimathea

38 Mwirin ei, Josef seni Arima-
thea, emon Noun Jesus chon
kaeo, nge le monomon chok, pun
a nuokusiti ekkewe chon Jews, a
tungor ngeni Pailet pwe epwe
uwealo inisin Jesus; o Pailet a
mwut ngeni. Iwe, a feito o a
angei inisin Jesus we.   Luke 23:50

39 O Nikodemus, ewe a feito ren
Jesus lepwin me mwan, a pwal
feito, o a uweato och mör mi
efitifengen me alós, ina epwe
ipwuku paun.

40 Mwirin, ra angei inisin Jesus
we o finitalo lon mangaku linen.

41 Iwe, lon ewe leeni ikeweia I A
irapenges ie, a wor eu tanipi, o lon
ewe tanipi eu peias mi fö esamwo
wor emon a isetiw lon.

42 Iei minne, ra isetiw Jesus
ikewe, pokiten an ekkewe chon
Jews Ranin Amollata, pun ewe
peias mi chok arapeto.   w. 31

Ewe Peias A Pön

20 Iwe, lon ewe aeuwin ranin
ewe wiik, Mary Maktalin a
ukososor ngeni ewe peias, lupwen
a chuen chok kiroch, o a kuna
pwe ewe fau a fen ömwökutulo
seni ewe peias.

2 Iwe, i a sä o a feito ren Simon
Peter, pwal ren ewe emon chon
kaeo, ewe Jesus A tongei, o a
apasa ngeniir, "Ra fen angealo
ewe Samol seni ewe peias, nge am

aisap silei ia ra isetiw I ie."

13:23; 19:26; 21:7, 20, 24

3 Iei minne, Peter a tou, me pwal ewe emon chon kaeo, o ra feilo ngeni ewe peias.

4 Iwe, ir me ruomon ra sä fengen, o ewe emon chon kaeo a mwitir le sä seni Peter o a akkomw tori ewe peias.

5 O i a pworotiw o a nenelong lon, iwe, a kuna ekkewe finifin mangaku linen ra nom ikewe; nge ese tolong.

6 Mwirin, Simon Peter a feito, a tapwelo mwirin atewe, o a tolong lon ewe peias; o a kuna ekkewe finifin mangaku linen ra nom ikewe,

7 nge ewe angkisif mi fen finifin ngeni mokuran ese nom ren ekkewe ekkoch finifin mangaku linen, pwe a ölluulfengen o imwulo won an lon eu leeni.

8 Mwirin, ewe emon chon kaeo, ewe a akkomwen feito ren ewe peias, a pwal tolong; iwe, a kuna o a luku.

9 Pun tori iei resap mwo weweiti minne mi makketiw lon Ewe Taropwe Mi Pin, pwe I Epwe fokkun manawsefal seni malo.

Kol F. 16:10

10 Mwirin, ekkewe chon kaeo ra pwal liwinsefal ngeni en me pwisin imwan.

Mary Maktalin A Kuna Ewe Samol

11 Nge Mary a ukkuta lukun, unukun ewe peias, nge kechiw, o lupwen an kekkechiw, i a pworotiw o a nenelong lon ewe peias.

12 Iwe, a kuna ruomon chon lang mi ufouf mi pwechepwech ra mommot ikeweia inisin Jesus we a pin kokon ie, emon unumokuran nge ewe emon unupechen.

13 Mwirin ra apasa ngeni nemin-ewe, "Fefin, pwata ka kechiw?" Neminewe a apasa ngeniir, "Pun ra fen uwealo ai we Samol, nge usap silei ian ra isetiw I ie."

14 Iwe, mwirin an apasa ei, i a kulsefal, o a kuna Jesus A ukkuta ikeweia, nge ese silei pwe I Jesus.

15 Jesus A apasa ngeni i, "Fefin, pwata ka kechiw? Iön na ka kutta?" Neminewe a ekieki pwe I ewe sou-tanipi, iwe, a apasa ngeni I, "Maing, are En Ka fen uwealo I, Kopwe ureniei ian Ka fen isetiw I ie, o ngang upwe uwealo I."

16 Jesus A apasa ngeni i, "Mary!" Neminewe a kul o apasa ngeni I, "Raponi!" (wewen, Sense).

17 Jesus A apasa ngeni i, "Kosap kamwöchulo wói, pun Usamwo feita ren Semei we; nge kopwe feilo ren pwii kewe o apasa ngeniir, 'Ngang Upwe feita ren Semei pwal Sememi, o ngeni Ai Kot pwal ami Kot.'"

18 Mary Maktalin a feilo o ureni ekkewe chon kaeo pwe i a fen kuna ewe Samol, pwal pwe I A fen apasa ekkei mettoch ngeni i.

Ekkewe Chon Kaeo Ra Angei Ökkunöör

19 Iwe, lekuniolun ewe chok ran, iei ewe aeuwin ranin ewe wiik, lupwen ekkewe asam ra kesipelo ikewe ekkewe chon kaeo ra mwich fengen ie, pokiten ar nuokusiti ekkewe chon Jews, Jesus A feito o utalo lefiler, o apasa ngeniir, "Kinamwe epwe nonnom remi."   Luke 24:36; 1 Kor. 15:5

20 Mwirin An apasa ei, I A aiti ngeniir poun kewe me lepekin. Mwirin, ekkewe chon kaeo ra pwapwa lupwen ra kuna ewe Samol.   12:21; 16:22

21 Iwe Jesus A apasa sefali ngeniir, "Kinamwe ngeni kemi! Usun chok ewe Sam A tinieito, Ngang Ua pwal tinikemilo."   Mat. 28:18; 2 Tim. 2:2

22 O mwirin An apasa ei, I A ngasangasewu wór, o apasa ngeniir, "Oupwe etiwa ewe Ngun mi Fel.   Mark 16:14-16

23 "Are ami oupwe omwusalo an aramas tipis, iwe, repwe mwusulo seniir; are ami oupwe amwochu an aramas tipis, repwe nukunuk."   Mat. 16:19; 18:18

Ach Kuna me Ach Luku

24 Iwe, Thomas, ewe a iteni ewe Lippwe, emon me lein ekkewe engol me ruomon, ese nom rer lupwen Jesus A feito.

25 Iwe, ekkewe ekkoch chon kaeo ra apasa ngeni i, "Am aia fen kuna ewe Samol." Iwe, i a apasa ngeniir, "Are usap kuna rasen ekkewe chufel lon poun, o iselong öuti lon rasen ekkewe chufol, o uwalong pei lon lepekin, ngang usap luku."

26 Iwe, mwirin walu ran, Noun kewe chon kaeo ra pwal nom sefal lon ewe imw, o Thomas a nom rer. Ekkewe asam ra kesipelo, nge Jesus A feito o utalo lefiler, o apasa, "Kinamwe ngeni kemi!"

27 Mwirin, I A apasa ngeni Thomas, "Kopwe eitieto öutum ikei, o nengeni pei; o eitieto poum

ikei, o iselong lon lepeki. Kosap lukulukumang, nge kopwe luku."

28 O Thomas a poluweni o apasa ngeni I, "Ai Samol me ai Kot!"

Kol F. 73:25-26

29 Jesus A apasa ngeni i, "Thomas, pokiten om ka fen kunaei, iwe, ka luku. Ra feioch ir ekkewe rese kuna nge ra chuen chok luku." 1 Pet. 1:8

Pwe Ami Oupwe Luku

30 O enlet, mi pwal chommong ekkewe ekkoch esisil Jesus A fori mwen mesen Noun kewe chon kaeo, resap makketiw lon ei pwuk;

31 nge ekkei ra makketiw pwe ami oupwe luku pwe Jesus I ewe Kraist, ewe Noun Kot, o ren ami luku oupwe aani manaw lon itan.

Luke 1:4

Ra Mwongo Fengen Lepii

21 Mwirin ekkei mettoch Jesus A pwal pwisin pwä ngeni ekkewe chon kaeo unukun ewe Matawen Taiperios, o iei usun lapalapen An pwisin pwä:

2 Simon Peter, Thomas ewe a iteni ewe Lippwe, Nathanael seni Kana lon Kalili, ekkewe noun Sepeti, me pwal ruomon Noun

kewe chon kaeo ra nonnom fengen.

3 Simon Peter a apasa ngeniir, "Upwe le ló attaw." Ra apasa ngeni i, "Am aipwe pwal fituk." Ra tou o mwitir töta won ewe waa, nge lon ewe pwinin rese fokkun liap.

4 Nge lupwen a tori lesosor, Jesus A uta lepii; nge ekkewe chon kaeo rese silei pwe I Jesus.

5 Iwe, Jesus A apasa ngeniir, "Semirit, mi wor mwongo remi?" Ra poluweni I, "Apw."

6 O I A apasa ngeniir, "Oupwe oturatiw ewe cheew peliifichin ewe waa, o oupwe kuna ekkoch." Iwe, ra kotur, o iei rese tongeni atekinato pokiten chommongun ekkewe iik. Luke 5:4, 6, 7

7 Iei minne, ena chon kaeo Jesus A tongei a apasa ngeni Peter, "Inan I ewe Samol!" Iwe, lupwen Simon Peter a rong pwe I ewe Samol, i a pwilitalong ufan we ufoufen lukun (pun i a fen pwilitalo), o a likotuturutiw lon ewe saat.

8 Nge ekkewe ekkoch chon kaeo ra feito won ewe waa (pun rese nom towaw seni fonu, nge ina epwe chok ukukun ruopwuku mwalu), nge ra atekini ewe

cheewin iik.

9 Iwe, lon ewe chok otun ra tori fonu, ra kuna eu ekkei seni mwoli ikewe, o iik ra fen iseta won, pwal pilawa.

10 Jesus A apasa ngeniir, "Uwato ekkoch ekkana iik oua keran chok liapeniir."

11 Simon Peter a pwereta o a atekini ngeni fonu ewe cheew, nge a ur ren iik mi watte, ipwuku lime me ulumon; o inamwo ra fokkun chommong, nge ewe cheew ese kamw.

12 Jesus A apasa ngeniir, "Oupwe feito o mwongo." Nge esap wor emon lein ekkewe chon kaeo a pworacho le eisini I, "En iö?"— pun ra silei pwe I ewe Samol.

Fof. 10:41

13 Iwe, Jesus A feito o A angei ewe pilawa o A ngeniir, pwal usun chok ren ewe iik.

14 Iwe, iei ewe aulungatin fansoun An Jesus A pwisin pwä ngeni Noun kewe chon kaeo me mwirin An we manawsefal seni malo.   20:19, 26

Jesus A Pwal Ewisa-sefali Peter

15 Iwe, lupwen ra wes le mwongo, Jesus A apasa ngeni Simon Peter, "Simon, noun

Jonah, ka tongeei lap seni ekkei?" Atewe a apasa ngeni I, "Ewer, Samol; Ka silei pwe ua tongek." I A apasa ngeni atewe, "Kopwe amwongöni Nei kewe *lamb."

[lialifön siip]

16 I A apasa sefal ngeni Peter fan aruwan, "Simon, noun Jonah, ka tongeei?" Atewe a apasa ngeni I, "Ewer, Samol; Ka silei pwe ua tongek." I A apasa ngeni atewe, "Kopwe fóleni Nei kewe siip."

Ipru 13:20

17 I A apasa ngeni atewe fan aulungatin, "Simon, noun Jonah, ka tongeei?" Peter a letipechou pokiten I A apasa ngeni i fan aulungatin, "Ka tongeei?" O atewe a apasa ngeni I, "Samol, Ka silei mettoch meinisin; Ka silei pwe ua tongek." Jesus A apasa ngeni i, "Kopwe amwongöni Nei kewe siip.

18 "Enlet, enlet, Ua apasa ngonuk, lupwen ka chuen sarafo, en ka pwisin rii ngenuk föfön lukalapom o fetal ia chok ka mochen; nge lupwen kopwe chinlap, kopwe eitiewu poum, o pwal emon epwe rii ngenuk föfön lukalapom o uweekelo ikewe kosap mochen."

19 I A apasa ei o A esisilätä met

sokkun malo i epwe alingalo Kot ren. O mwirin An apasa ei, I A apasa ngeni atewe, "Tapweto mwiri."

Ewe Chon Kaeo Jesus A Tongei, Pwal Makkeian Ei Pwuk

20 Iwe, Peter a kulsefal, o a kuna ewe chon kaeo Jesus A tongei a tapweto, pwal i atewe e ulleni fan mwarin Jesus lupwen a fis ewe mwongon lefaaf, o apasa, "Samol, epwe iö ena epwe afangema En?"

13:23, 25; 20:2

21 Lupwen Peter a kuna i, i a apasa ngeni Jesus, "Nge Samol, met ren ei mwan?"

22 Jesus A apasa ngeni i, "Are Ngang Ua mochen pwe i epwe nonnom tori Ai feito, meeta reom? En kopwe tapweto mwiri."

23 Iwe, ei kapas a meresfeil lein ekkewe pwipwi pwe ei emon chon kaeo esap malo. Nge Jesus Ese apasa ngeni i pwe i esap malo, nge, "Are Ngang Ua mochen pwe i epwe nonnom tori Ai feito, meeta reom?"

24 Iei i ewe chon kaeo mi pwarata usun ekkei mettoch, o a makketiw ekkei mettoch; o sia silei pwe minne i a pwarata a let.

25 O mi pwal wor chommong mettoch Jesus A fori, nge are repwe makketiw eu me eu, ua ekieki pwe fonufan mwo esap tufichin masouweni ekkewe pwuk repwe makketiw. Amen.

I JOHN

I JOHN
J. Vernon McGee

EWE CHON MAKKEI EI PWUK:
John ewe Chon Kunö

EWE IER:
90-100 A.D. ika, 90-100 ier me mwirin An Jesus uputiw won fonufan. Sia meefi pwe John a makkei ewe "Kapas Allim me ren John," mwirin, a makkei ekkewe Taropwe (I John, II John, III John), nge a makkei ewe Pwuken Pwarata me mwen an malo lon ewe ier 100 A.D.

POPUN EI PWUK A MAKKETIW:
John a pwisin ureni kich popun:

Lon an we *Kapas Allim* – John 20:30, 31
Lon an akkomwen *Taropwe* – I John 5:13
Lon an *Pwarata* – Pwarata 1:19

A wor limu popun ewe pwuken I John a makketiw:

(1) 1:3 – "pwe ami oupwe pwal tongeni chiechi ngeni kem; o enlet, sia chiechi fengen ren ewe Sam pwal ren Noun we Jesus Kraist."
(2) 1:4 — "Pwe ami pwapwa epwe urelo."
(3) 2:1 — "Pwe ami ousap tipis."
(4) 5:13 — "Pwe oupwe silei pwe oua aani manaw esemwuch."
(5) 5:13 — "Oupwe pwal sopwelo le luku lon iten ewe Noun Kot."

EWE FAMILIEN KOT:
Ei taropwe a emwenalong emon Noun Kot lon ewe asam, pwe epwe tolong lon imwen ewe Sam. Iei ewe taropwe faniten chon ewe famili; John a mak ngeni chon ewe familien Kot. Ewe kapas "Sam" a makketiw fan engol me ulungat, o ekkewe kapas "kukkun semirit" a makketiw fan engol me eu. Paul a wisen mak ngeni ewe mwichefel;

John a wisen mak ngeni ewe famili. Ewe mwichefel ina ewe mwichen chon luku Jesus ra kuna "ekkewe feiochun ngun meinisin mi nom lon ekkewe leeni lon lang lon Kraist" (Efisus 1:3). Iei ewe leeni mi fangoto ngeni kich lupwen sia anomu ach lukuluk lon ewe Samol Jesus Kraist. Lon ewe famili, kich sia tongeni atai ach chiechi fengen lefilach me Kot, nge, lupwen sipwe "pwarata ach kewe tipis," iwe, I "mi alukuluk o pwung pwe Epwe amusa seni kich ach kewe tipis o limeti kich seni pwungingaw meinisin" (I John 1:9).

Ekkewe chon luku lon ewe mwichefel ra nonnom lon ewe familien Kot, inamwo nge ewe familien Kot a watte seni ewe mwichefel. Ewe mwichefel me ewe famili me ruu ra nonnom lon ewe Mwuun Kot, nge rese wewe fengen ika löllö fengen.

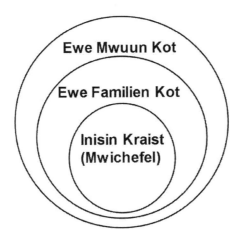

KAPAS MI AUCHEA:
Saram (a mak fan 6); **tong** (a mak fan 33); **manaw** (a mak fan15); **chiechi fengen** (a mak fan 4); **silei** (a mak fan 38) – John a makkei ei pwuk pwe epwe u ngeni ewe akkomwen kait chofona mi tolong lon ewe mwichefel. Iei ewe kait chofona a iteni Gnosticism. Ekkewe ir mi luku ei kait chofona ra eingeing le apasa pwe "ra fokkun silelap." Ra apasa pwe ewer, Jesus I Kot, nge ra pöppöni ewe let pwe Jesus A wiliti Aramas. Sia silei pwe ei kait mi chok chofona, pun ewer, Jesus I Kot, nge I "A pwä lon fituk" (John 1:14). Iei popun a fokkun mwal pwe

ekkewe aramas ir Gnostics ar repwe apasa pwe "Jesus Ese pwä lon fituk, Ese wiliti Aramas."

TETTELIN MASOUWEN EI PWUK:
I. Kot I SARAM (I John 1:5), 1:1 – 2:2
A. Kapasen Akkomw, 1:1, 2

B. Ifa usun ekkewe semirit mi achengicheng repwe tongeni chiechi ren Kot, 1:3 – 2:2

    1. Ren ar fetal lon saram, 1:3-7

    2. Ren ar pwarata ar tipis, 1:8-10

    3. Ren Kraist, ach Chon Afför, 2:1, 2

II. Kot I TONG (4:8), 2:3 – 4:21
A. Ifa usun ekkewe semirit mi achengicheng repwe tongeni chiechi fengen lefiler ren ar fetal lon tong, Sopwun 2:3 – 14

B. Mi fokkun auchea pwe ekkewe semirit mi achengicheng resap tongei fonufan, Sopwun 2:15 – 28

C. Ifa usun ekkewe semirit mi achengicheng repwe tongeni silei fengeniir o manaw fengen, Sopwun 2:29 – 4:21

    1. An ewe Sam tong faniten Noun kewe, 2:29 – 3:3

    2. Mwokutukutun ekkewe ruu peekin emon chon luku, (ewe "aramasen lom" me ewe "aramas mi fö lon Kraist" lon manawen emon chon luku) 3:4-24

    3. Kapasen afälien usun ekkewe sense mi chofona, 4:1-6

    4. Kot I tong; kukkun semirit repwe tong fengen lefiler, 4:7-21

III. Kot I MANAW (5:12), Sopwun 5
A. Sipwe okkufu fonufan, 5:1-5

B. Sipwe silei pwe sia aani manaw esemwuch, 5:6-21

I John

Ewe Kapasen Manaw

Minne a nonnom seni le-poputan, minne aia fen rong, minne aia fen kuna ren mesem, minne aia fen nennengeni o attapa ren pöum, usun ewe Kapasen manaw—

2 ewe manaw a pwä, o aia fen kuna, o pwarata, o aronga ngeni kemi ena manaw esemwuch minne a fen nom ren ewe Sam o a pwäppwälo ngeni kem—

3 minne am aia fen kuna o rong aia aronga ngeni kemi, pwe ami oupwe pwal tongeni chiechi ngeni kem; o enlet, sia chiechi fengen ren ewe Sam pwal ren Noun we Jesus Kraist.   John 15:14; 1 Kor 1:9

4 O aia makkei ekkei mettoch ngeni kemi pwe ami pwapwa epwe urelo.   John 16:24

Ach Chiechi Ngeni Kot, Me Ach Chiechi Fengen

5 Iei ewe poraus aia fen rong seni I o aia pwal aronga ngeni kemi, pwe Kot I saram o lon I esap fokkun wor och rochopwak.

6 Are sia apasa pwe sia chiechi ngeni I, nge sia fetal lon rochopwak, sia chofona o sise fori minne a let.

7 Nge are sia fetal lon ewe saram usun chok I A nonnom lon ewe saram, iwe, a wor ach chiechi fengen lefilach, o chaan Jesus Kraist, Noun We, a limeti kich seni tipis meinisin.

8 Are sia apasa pwe ese wor ach tipis, sia pwisin otupwu kich, o ewe let ese nonnom lóch.

9 Are sia pwarata ach kewe tipis, I mi alukuluk o pwung pwe Epwe omwusa seni kich ach kewe tipis o limeti kich seni pwungingaw meinisin.

10 Are sia apasa pwe sise tipis, sia fori pwe I Emon chon chofona, o An kapas ese nonnom lóch.

2 Nei kana kukkun semirit, ua makkei ekkei mettoch ngeni kemi, pwe ami ousap tipis. O are emon a tipis, mi wor Emon nouch Chon Afför ren ewe Sam, Jesus Kraist ewe mi pwung.

2 O pwisin I Epwe ewe asoren omwusomwusen tipis faniten ach kana tipis, nge sap ach chok, pwe pwal faniten tipisin unusen fonu-fan.   John 1:29

Ren Ei Sia Silei Pwe Sia Silei I

3 Iwe, ren ei sia silei pwe sia silei I, are sia tumwunu An kewe

alluk.

4 Iö a apasa, "Ua silei I," nge esap tumwunu An kewe alluk, i emon chon chofona, o ewe let ese nonnom lon i.   1:6, 8; 4:20

5 Nge iö a tumwunu An kapas, enlet, ewe tongen Kot a unus-öchulo lon i. Ren ei sia silei pwe sia nonnom lon I.

6 Iö mi apasa pwe a nonnom lon I, epwe fokkun fefetal usun chok I A fefetal.

7 Ami pwii kana, use makkei ngeni kemi och alluk mi fö, pwe eu allukun lom, minne a fen nom remi seni lepoputan. Ewe allukun lom iei ewe kapas oua fen rongo-rong seni lepoputan.   3:11; 2 John 5

8 Nge ua makkei ngeni kemi eu alluk mi fö, minne mi enlet lon I pwal lómi, pun ewe rochopwak a feilo, o ewe enletin saram a fen tittin.   Rom 13:12

9 Iö a apasa pwe a nonnom lon ewe saram, nge a opwut pwiin, a chuen nonnom lon rochopwak tori iei.

10 Iö a tongei pwiin a nonnom lon ewe saram, o esap wor och popun minne i epwe chepetek ren.   3:14 • 2 Pet. 1:10

11 Nge iö a opwut pwiin a non-nom lon rochopwak o a fefetal lon rochopwak, o ese silei ia epwe feilo ie, pokiten ewe rochopwak a fen achunalo mesan.

Nonnomwur Lon Pekin Ngunur

12 Ua mak ngeni kemi, ami
kana kukkun semirit,
Pokiten ami kewe tipis ra
mwusóló seni kemi fanasengesin
Itan.

Luke 24:47

13 Ua mak ngeni kemi, ami
kana sam,
Pokiten oua fen silei I,
Ewe mi nonnom seni lepoputan.
Ua mak ngeni kemi, ami kana
aluwol,
Pokiten oua fen okkufu ewe
emon mi ingaw.
Ua mak ngeni kemi, ami kana
kukkun semirit,
Pokiten oua fen silei ewe Sam.

14 Ua fen mak ngeni kemi, ami
kana sam,
Pokiten oua fen silei I, Ewe mi
nonnom seni lepoputan.
Ua fen mak ngeni kemi, ami kana
aluwol,
Pokiten oua pochokul, o ewe
kapasen Kot a nonnom lómi,
O oua fen okkufu ewe emon mi
ingaw.

Ef. 6:10

Ousap Tongei Fonufan

15 Ousap tongei fonufan are ekkewe mettochun lon fonufan. Are emon a tongei fonufan, ewe tongen ewe Sam ese nonnom lon i.

16 Pun meinisin mi nonnom lon fonufan—mochenien fituk, mochenien maas, me lamalam tekian manaw—resap seni ewe Sam pwe seni fonufan.   Mat. 4:4-9 • Sol Af. 5:11

17 O fonufan epwe morelo, pwal mochenian kewe; nge iö mi fori letipen Kot a nonnom tori feilfeilo chok.   1 Kor. 7:31; 1 Pet. 1:24

"Iei Ewe Omwuchulon Awa"

18 Kukkun semirit, iei ewe omwuchulon awa; o usun oua fen rong pwe ewe Chon U Ngeni Kraist epwe feito, pwal iei mwo a wor chommong chon u ngeni Kraist ra fen feito, iwe, ren ei sia silei pwe iei ewe omwuchulon awa.   John 21:5 • Mat. 24:5

19 Ir ra tou seni kich, nge sap ir kifetin kich; pun are ir mi kifetin kich, iwe, repwe chok sopwelo chok le nonnom rech; nge ra tou pwe epwe pwäppwälo pwe esap ir meinisin kifetin kich.   1 Kor. 11:19

20 Nge a wor epitemi seni ewe Emon Mi Pin, o ami oua silei mettoch meinisin.   Ipru 1:9

21 Ua mak ngeni kemi, sap pokiten ami ousap silei ewe let, nge pokiten oua silei, o esap wor och chofona a pop seni ewe let.

22 Iön ewe chon chofona, lukun ewe emon mi amaam pwe Jesus I ewe Kraist? Ewe a amaam ewe Sam me ewe Nau, i emon chon u ngeni Kraist.   2 John 7

23 Iteiten iö a amaam ewe Nau esap pwal aani ewe Sam; iö a pwarata ewe Nau a pwal aani ewe Sam.

"Ewe Pwon—Manaw Esemwuch"

24 Iwe, oupwe mwut ngeni minne oua fen rong seni lepoputan an epwe nonnom lómi. Are minne oua fen rong seni lepoputan a nonnom lómi, ami oupwe pwal nonnom lon ewe Nau me lon ewe Sam.   2 John 6

25 O iei ewe pwon minne I A fen pwon ngeni kich—manaw esemwuch.   John 17:3

26 Ua fen makkei ekkei mettoch ngeni kemi fanasengesin iö kana ra sotuni le otupwu kemi.

27 Nge ewe kepit minne oua fen etiwa seni I a nonnom lómi, o ouse osupwangen an emon epwe aiti kemi; nge, usun ewe chok kepit a aiti kemi usun mettoch meinisin, o mi enlet, nge esap och chofona, o usun chok an a fen aiti ngeni kemi, oupwe nonnom lon I.

Ekkewe Noun Kot

28 O iei, ami kana kukkun semirit, oupwe nonnom lon I, pwe lupwen I Epwe pwäto, sipwe pworacho o sisap saw mwen mesan lupwen Epwe wareto.

29 Are ami oua silei pwe I mi pwung, iwe, oua silei pwe iteiten iö mi fori minne mi pwung a up seni I.   4:7; 5:1

3 Oupwe nengeni ewe sokkun tong minne ewe Sam A fen ngeni kich, pwe kich sipwe iteni Noun Kot! Iei minne, fonufan esap silei kich, pokiten ese pwal silei I.

2 Atongeei kana, iei, kich sia Noun Kot; o esap mwo pwäp-pwälo minne sipwe wiliti, nge sia silei pwe lupwen I Epwe pwäto, sipwe usun chok I, pun sipwe le kuna I lon wesewesen lapalapan.

Ais. 56:5 • Job 19:25-27

3 O iteiten aramas meinisin mi aani ei apilukuluk lon I, a elime-lima pwisin i, usun chok I A limelimöch.

Usun Tipis Me Emon Noun Kot

4 Iteiten iö mi fori tipis a pwal pwuratiw ewe alluk, o wewen tipis pwuratiw alluk.

5 O ami oua silei pwe I A pwäto pwe Epwe angealo tipisich, o esap wor tipis lon I.

6 Iteiten iö mi nonnom lon I, esap fori tipis. Iteiten iö a fori tipis esap mwo kuna I are silei I.

7 Ami kana kukkun semirit, ousap mwut ngeni emon epwe otupwu kemi. Iö a foffori minne mi pwung a pwung, usun chok I A pwung.

8 Emon mi fori tipis, i a mwiri ewe tefil, pun ewe tefil mi foffori tipis seni chok lepoputan. Ren ei popun ewe Noun Kot A pwäto, pwe Epwe ataelo angangen ewe tefil.

9 Iteiten iö a fen up seni Kot esap fori tipis, pun An we pwikil a nonnom lon i; o esap tongeni fori tipis, pokiten i a fen up seni Kot.

Auchean Tong

10 Lon ei, ekkewe Noun Kot me ekkewe noun ewe tefil ra pwäp-pwälo: Iteiten iö esap foffori minne mi pwung esap seni Kot, pwal ina chok usun ren emonewe esap tongei pwiin.

11 Pun iei ewe poraus ami oua
fen rong seni chok lepoputan,
pwe sipwe tong fengen lefilach,
12 esap usun Kein, atewe mi
mwiri ewe emon mi ingaw o a
nielo pwiin. O pwata i a nielo
atewe? Pokiten an kewe foffor ra
ingaw nge an pwiin kewe ra
pwung.
13 Ousap nenneiruk, ami pwii
kana, are fonufan a opwut ami.

John 17:4

14 Sia silei pwe sia fen feilo seni
malo ngeni manaw, pokiten sia
tongei ekkewe pwipwi. Iö esap
tongei pwiin a nonnom lon malo.

Mat. 12:50

15 Iteiten iö mi opwut pwiin, i
emon chon nielo aramas, o oua
silei pwe esap wor emon chon
nielo aramas a aani ewe manaw
esemwuch lon i.

Pwäppwälon Tong
16 Ren ei sia silei tong, pokiten I
A isetiw manawan fanitach. O
epwe pwal ina chok usuch ach
sipwe isetiw manawach faniten
ekkewe pwipwi.
17 Nge are emon a aani pisekin ei
fonufan, o a kuna pwiin we lon an
osupwang, nge a apungalo letipan
seni, iwe, epwe ifa usun an ewe

tongen Kot epwe nonnom lon i?
18 Nei kana kukkun semirit,
ousisap tong fengen lon kapas are
lon sokkun fos, nge lon foffor
pwal lon let.
19 Iwe, ren ei sia silei pwe kich
chon ewe let, o epwe achipa
letipach mwen mesan.
20 Pun are letipach a ettipisi kich,
Kot A lapalap seni letipach, o A
silei mettoch meinisin.
21 Atongeei kana, are letipach
esap ettipisi kich, a wor ach
pworacho mwen Kot.
22 O ese lifilifil minne sipwe
tungor, sipwe etiwa seni I, poki-
ten sia tumwunu An kewe alluk o
fori ekkana mettoch mi apwapwa
me fan mesan.   Kol F. 34:15
23 Iwe, iei An we alluk: pwe
sipwe luku iten Noun we, Jesus
Kraist, o sipwe tong fengen, usun
chok I A fen allukatiw ngeni kich.

John 13:34

**Ewe Ngunun Let Me Ewe Ngun
Mi Mwal**
24 Iwe, iö a tumwunu An kewe
alluk a nonnom lon I, o I lon i. O
ren ei sia silei pwe I A nonnom
lóch, ren ewe Ngun I A fen fang
ngeni kich.

4 Atongeei kana, ousap luku iteiten ngun meinisin, nge oupwe sotuni ekkewe ngun, are ra feito seni Kot; pokiten a wor chommong soufos chofona ra fen feiliwu lon fonufan.

2 Ren ei oupwe silei ewe Ngunun Kot: Iteiten ngun mi pwarata pwe Jesus Kraist A fen feito lon fituk, i seni Kot,

3 o iteiten ngun esap pwarätä pwe Jesus Kraist A fen feito lon fituk, i esap seni Kot. O iei ngunun ewe Chon U Ngeni Kraist, ewe oua fen rong usun pwe epwe feito, o iei a fen nonnom lon fonufan.

4 Ami oua seni Kot, ami kana kukkun semirit, o oua fen okkufu ir, pokiten Atewe mi nonnom lómi A lapalap seni atewe mi nonnom lon fonufan.

5 Ir seni fonufan. Iei minne, ra kapas seni fonufan, o fonufan a auselinga ir.

6 Kich seni Kot. Iö a silei Kot a auselinga kich; iö esap seni Kot esap auselinga kich. Ren ei sia silei ewe ngunun let me ewe ngun mi mwal.

Kot I Tong

7 Atongeei kana, ousipwe tong fengen lefilach, pun tong a pop seni Kot; o iteiten iö a aani tong a up seni Kot o silei Kot.   2:29

8 Iö esap aani tong ese silei Kot, pun Kot I tong.

9 Lon ei ewe tongen Kot a pwäppwälo ngeni kich, pwe Kot A fen tinato Noun We Alaemon ngeni fonufan, pwe kich sipwe manaw ren I.   John 3:16

10 Iei usun tong, sap pwe kich sia tongei Kot, nge pwe I A tongei kich o A tinato Noun We, pwe I Epwe ewe asoren omwusomwusen tipis faniten ach kana tipis.

11 Atongeei kana, are a iei usun An Kot tongei kich, iwe, epwe pwal ina chok usun ach sipwe tong fengen lefilach.

An Kot Tong A Unusöchulo Lóch

12 Ese wor mwo eu fansoun lupwen emon a kuna Kot. Are sia tong fengen lefilach, Kot A nonnom lóch, o An tong a unusöchulo lóch.

13 Ren ei sia silei pwe sia nonnom lon I, o I lon kich, pokiten I A fen fang ngeni kich Ngunun We.   John 14:20

14 O aia fen kuna o pwarata pwe ewe Sam A fen tinato ewe Nau pwe Epwe Chon Amanawa fonu-

fan. John 1:14 • John 3:17

15 Iteiten iö a pwarata pwe Jesus I ewe Noun Kot, Kot A nonnom lon i, o i lon Kot.

16 O sia fen silei o luku ewe tong minne Kot A ngeni kich. Kot I tong, o iö a nonnom lon tong a nonnom lon Kot, o Kot lon i.

Esap Wor Nuokus Lon Tong

17 Lon ei, tong a unusöchulo lóch: pwe epwe wor ach pworacho lon ewe ranin kapwung; pun usun I, iwe, a chok iei usun kich lon ei fonufan.

18 Esap wor nuokus lon tong; nge tong mi unusöch a oturalo nuokus lukun, pokiten nuokus a fiti riafou. Nge emon mi nuokus esap mwo unusöch lon tong.

Rom 8:15; 2 Tim. 1:7

19 Sia tongei I pokiten I A tongei kich akkomw.

Iö A Tongei Kot Epwe Pwal Tongei Pwiin

20 Are emon a apasa, "Ua tongei Kot," nge a opwut pwiin, i emon chon chofona; pun iö esap tongei pwiin, ewe i mi fen kukkuna, iwe, epwe ifa usun an epwe tongeni tongei Kot, Ewe esap kukkuna?

21 O iei ewe alluk sia angei seni I: pwe iö a tongei Kot, epwe pwal tongei pwiin.

5 Iteiten iö mi luku pwe Jesus I ewe Kraist a up seni Kot, o iteiten iö mi tongei Atewe mi wisen nouni, a pwal tongei ekkewe I A nouni.

2 Ren ei sia silei pwe sia tongei ekkewe Noun Kot, lupwen sia tongei Kot o tumwunu An kewe alluk.

3 Pun iei ewe tongen Kot, pwe sipwe tumwunu An kewe alluk. O An kewe alluk resap chourek.

4 Pun meinisin mi up seni Kot ra okkufu fonufan. O iei ewe win a fen okkufu fonufan—ach luku.

5 Epwe iö na mi okkufu fonufan, lukun chok ewe emon mi luku pwe Jesus I ewe Noun Kot?

Enletin Minne Kot A Pwarata

6 Iei I Atewe A feito ren kolik pwal chaa—Jesus Kraist; esap chok ren kolik, pwe ren kolik pwal chaa. O ewe Ngun, I ewe A wisen pwarata, pokiten ewe Ngun A let. John 19:34 • John 14:17

7 Pun mi wor Ulumon Ra pwarata me lon lang: ewe Sam, ewe Kapas, me ewe Ngun mi Fel; o ekkei Ulumon ir chok Emon.

8 O a wor ulungat ra pwarata won fonufan: ewe Ngun, ewe kolik, me ewe chaa; o ekkei ulungat ra tipeeu fengen lon eu.

9 Are sia etiwa an aramas pwarata, ewe pwarata An Kot a lapalap seni; pun iei An Kot we pwarata minne I A fen pwarata usun Noun We.　　John 8:17 • Mat. 3:16, 17

10 Iö a luku lon ewe Noun Kot, a aani ewe pwarata lon pwisin i; iö esap luku Kot A fori pwe I emon chon chofona, pokiten ese luku ewe pwarata minne Kot A fen pwarata usun Noun We.

Rom 8:16 • John 3:33

11 O iei ewe pwarata: pwe Kot A fen fang ngeni kich manaw esemwuch, o ei manaw a nonnom lon Noun We.

12 Iö a aani ewe Nau a aani manaw; iö esap aani ewe Noun Kot esap aani manaw.　　John 3:36

13 Ua fen makkei ekkei mettoch ngeni kemi mi luku lon iten ewe Noun Kot, pwe oupwe silei pwe oua aani manaw esemwuch, oupwe pwal sopwelo le luku lon iten ewe Noun Kot.

Pworacho Me Tong Lon Iotek

14 Iwe, iei ewe pworacho sia aani lon I, pwe are sia tungor och mettoch mi fiti letipan, I A auselinga kich.

15 O are sia silei pwe I A auselinga kich, ese lifilifil met sia tungor, sia silei pwe sia fen angei minne sia fen tungor seni I.

16 Are emon a kuna pwiin pwe a fori och tipis esap emweni ngeni malo, i epwe tungor, o I Epwe fang ngeni i manaw ren chókana mi fori tipis esap emweni ngeni malo. Mi wor tipis mi emweni ngeni malo. Usap apasa pwe i epwe iotek usun ena.

17 Pwungingaw meinisin mi tipis, o a wor tipis esap emweni ngeni malo.　　3:4

Sipwe Silei Ewe Emon Mi Let

18 Sia silei pwe iteiten iö mi up seni Kot esap fori tipis; nge iö mi fen up seni Kot a mammasa pwisin i, o ewe emon mi ingaw esap attapa i.

19 Sia silei pwe kich seni Kot, nge unusen fonufan a itilo fan nemenien ewe emon mi ingaw.

20 O sia silei pwe ewe Noun Kot A fen feito o A fen fang ngeni kich ach weweöch, pwe sipwe silei ewe Emon mi let; o sia nonnom lon ewe Emon mi let, lon Noun We Jesus Kraist. Iei I

ewe Kot mi let pwal manaw
esemwuch.

21 Ami kana kukkun semirit,
oupwe tumwunu kemi seni uluu-
lun anumwal. Amen.

II JOHN

II JOHN
J. Vernon McGee

EWE CHON MAKKEI EI PWUK:
John ewe Chon Kunö

EWE IER:
A.D. 90-100

ECHÖ TAROPWE:
Ei taropwe a usun ewe pwuken Filimon, pun iei echö taropwe seni emon ngeni pwal emon. John a mak ngeni "ewe fefin mi fil." Lon fosun Kriik, John a nounou ewe kapas *electa*. Sisap silei ika i a kapas usun wisen ewe fefin, are ika i a mak ngeni emon fefin itan Electa. Sia pwisin meefi pwe i a mak ngeni emon fefin lon ewe mwichefel. Neminewe a awasölaöchu aramas meinisin mi apasa pwe ir *Kristian, nge ekkoch leir ra chok chofonata le apasa pwe ir Kristian. John a ureni ewe fefin pwe epwe tumwunu pwe esap etiwa ekkana chon otupwutupw.

(**Krist**ian," wewen, emon chon luku o etiwa Jesus Kraist.)

KAPAS AUCHEAN EI PWUK:
"Fanasengesin ewe let"
A fokkun fich pwe sipwe maun faniten ewe let, nge mi fokkun ingaw are sia tupwutä ren ekkewe sense mi chofona.

TETTELIN MASOUWEN EI PWUK:
I. TONG A PWÄ LON KIANIN EWE LET, w. 1-6
"Tongei lon ewe let"

II. MANAW A PWARALO EWE KAIT USUN KRAIST, w. 7-11

(Kait chofona a emweni aramas ngeni fofforingaw.)

III. KAPONG, w. 12, 13

(Ese pwung pwe ekkewe Kristian repwe etiwa ekkewe sense mi chofona, nge a pwung pwe repwe etiwa ekkewe sense mi enlet fan pwapwa.)

II John

Kapong Ngeni Ewe Fefin Mi Fil

Ewe Chinlap,
Ngeni ewe fefin mi fil me noun kana, ekkewe ua tongei lon ewe let, o sap ngang chok, pwe pwal meinisin ir ekkewe mi fen silei ewe let, John 17:17

2 pokiten ewe let mi nonnom lóch o epwe nonnom rech feil-feilo chok:

3 Umoumöch, chen, me kinamwe repwe nonnom remi seni Kot ewe Sam pwal seni ewe Samol Jesus Kraist, Noun ewe Sam, lon let me tong. Rom 1:7; 1 Tim. 1:2

Fefetal Fan An Kraist Kewe Alluk

4 Ua fokkun meseik pun ua fen kuna pwe ekkoch noum kewe ra fefetal lon let, usun chok sia fen angei ewe alluk seni ewe Sam.

5 O iei ua tungor-mau ngonuk, maing fefin, sap usun chok ita upwe mak ngonuk eu alluk mi fö, nge ewe chok sia fen aani seni lepoputan: pwe sipwe tong fengen lefilach.

6 Iei tong, pwe sipwe fefetal fan An kewe alluk. Iei ewe alluk, usun chok oua fen rong seni lepoputan, pwe oupwe fefetal lon. 1 John 2:5

Oupwe Pwisin Tumwunu Kemi

7 Pun chommong chon otupwu-tupw ra fen feiliwu lon fonufan, rese pwarata pwe Jesus Kraist A feito lon fituk. Iei i emon chon otupwutupw me emon chon u ngeni Kraist. 1 John 2:22

8 Oupwe pwisin tumwunu kemi, pwe ete fen poutulo seni kemi ekkana mettoch sia fen angang fanitan, nge sipwe etiwa eu liwin mi unus.

9 Iteiten iö epwe luuló, o esap nonnom lon An Kraist we kait, ese aani Kot. Iö a nonnom lon An Kraist we kait a aani ewe Sam me ewe Nau.

10 Are emon epwe feito remi nge esap uwato ei kait, ousap etiwa-long i lon imwemi are kapong ngeni i;

11 pun iö a kapong ngeni i, a chiechi ngeni an kewe foffor-ingaw. 1 Tim. 5:22; Jude 23

An John Kapongen Le Sopwolon

12 Mi wor chommong mettoch minne upwe makkei ngeni kemi, nge use mochen mak ren taropwe me ingk; nge ua apilukuluk pwe upwe feito remi o sipwe sape-fengen o kapas fengen, pwe ach pwapwa epwe unus.

13 Ekkewe semirit noun pwiim we mi fil ra kapong ngonuk. Amen.

III JOHN

III JOHN

J. Vernon McGee

EWE CHON MAKKEI EI PWUK:

John ewe Chon Kunö

EWE IER:

A.D. 90-100

KAPAS USUN EKKOCH ARAMAS
ME SOKOSOKUR:

Ei taropwe a ekis usun makkeien John we aruachön taropwe – a usun pwe i a makkei ngeni emon aramas. Itelapemongun ei pwuk **let**, nge pwal iei chok usun itelapemongun II John. Nge, ei taropwe III John a kapas usun aramas. Lon II John, John a apasa pwe mi fich ach sipwe uta faniten ewe **let**; lon an ei auluchön taropwe, i a apasa pwe mi fich ach sipwe angang faniten ewe **let**.

TETTELIN MASOUWEN EI PWUK:

I. GAIUS, ewe pwipwi mi achengicheng, w. 1-8

(John a makkei ngeni Gaius, o a pesei pwe epwe awasölaöchu ekkewe sense mi enlet, ekkewe ra akaiti ewe Kapas.)

II. DIOTREFES, "a efich an epwe akkomw," w.9-11

(Are emon epwe fiti eu kait chofona, iwe, epwe le pwä ren an fofforingaw.)

III. DEMETRIUS "a iteuöch me lein aramas meinisin, pwal ren pwisin ewe let," w. 12-14

(Are emon epwe fiti ewe kait mi enlet, iwe, epwe le pwä ren an manaweni eu manaw mi mwirino.)

III John

Kapong Ngeni Gaius

Ewe Chinlap,
Ngeni Gaius mi achengicheng, atewe ua tongei lon ewe let: 2 John 1
2 Achengicheng, ua iotek pwe en kopwe sopwosopwöch lon mettoch meinisin, o pochokul, usun chok ngunum a sopwosopwöch.
3 Pun ngang ua fokkun meseik lupwen ekkewe pwipwi ra feito o pwarata usun ewe let mi nonnom lóm, usun om ka chok fefetal lon ewe let.
4 Ese wor och ai pwapwa epwe lap seni ai upwe rongorong pwe nei kewe semirit ra fefetal lon let.
1 Kor. 4:15

Gaius A Iteuöch Ren An Fangeöch

5 Achengicheng, en ka tupwöl le fori met chok ka fori faniten ekkewe pwipwi me ekkewe wasola,
6 ir ra fen pwarata usun om tong mwen mesen ewe mwichefel. Are kopwe tiniirelo won ar sai lon och sokkun lapalap mi fich me ren Kot, iwe, kopwe fofforöch,
7 pokiten ir ra feiliwu fanasengesin Itan, nge rese angei och seni ekkewe Sentail. 1 Kor. 9:12, 15
8 Iei minne, mi pwung ngeni kich ach sipwe etiwa ekkei sokkun, pwe sipwe wiliti chiechier chon angang faniten ewe let.

Diotrefes Me Demetrius

9 Ua makkelo ren ewe mwichefel, nge Diotrefes, atewe mi efich an epwe akkomw me leir, esap etiwa kem.
10 Iei minne, are upwe feito, upwe chechemeni ekkewe foffor i a fori, an kapaspat ngeni kem ren kapas mi ingaw. O ese menemenöch ren ena, iwe, pwisin i esap pwal etiwa ekkewe pwipwi, o a pinei ekkewe mi mochen, o otururelo seni lon ewe mwichefel.
11 Atongeei, kosap appiru minne mi ingaw, nge minne mi mwirino. Iö a fori minne mi mwirino, i seni Kot, nge iö a fori minne mi ingaw esap mwo kuna Kot. Kol F. 37:27
12 A mwirino minne emon me emon a aporausatä usun Demetrius, pwal minne pwisin ewe let *a pwarata*: ewer, o am aia pwal pwarata; o oua silei pwe am we pwarata a let. 1 Tim. 3:7 • John 21:24

Kapongen Le Sopwolon

13 A fen wor chommong met-

toch ita ngang upwe makketiw,
nge usap mochen mak ngenuk
ren pen me ingk;

14 nge ua apilukuluk pwe upwe
mwitir kunok, o sipwe sapefengen
o kapas fengen. Kinamwe ngen-
uk.   Chienach kei ra kapong
ngenuk. Kopwe kapong ngeni
chienach kana ren om föuni iten
emon me emon.   1 Pet. 5:14; Ef. 6:23

Ewe Liffangen Kot:
Manaw Esemwuch

Jesus me Nikodemus

Manaw Esemwuch...
Ewe Liffang Ese Kamö

**John 3:1 "A wor emon mwan me lein ekkewe Farisi itan Niko-
demus, emon sou-nemenemen ekkewe chon Jews."**
Ei wokisin a aiti kich usun wisen Nikodemus me an angang. Sia silei
pwe i emon Farisi. Ekkewe Farisi ra fokkun tupwöl lon ar lamalam, ra
pwal fokkun tipachem. Iwe, Nikodemus a pwal chóni ewe Sanhedrin,
ewe mwichen sou-kapwung mi tekia mi wewe ngeni ewe Supreme
Court lon ewe mwuun Israel. Mi wor an Nikodemus nemenem, pwal i
emon mwan mi pisekisek. Mi wor ruanu mettoch Paipel a aiti ngeni
kich usun ei mwan: i emon mwan mi tupwöl lon an lamalam, a
tipachem, a pisekisek, a pwal wor an nemenem.

**w. 2 "Ei mwan a feito ren Jesus lepwin o apasa ngeni I, "Rapai,
sia silei pwe En Emon Sense mi feito seni Kot; pun ese wor emon
a tongeni fori ekkei esisil En Ka fori, chilon chok ika Kot Epwe
eti i."**

**w. 3 "Jesus A poluweni o apasa ngeni i, "Enlet, enlet, Ua apasa
ngonuk, are emon esap upsefal, esap tongeni kuna ewe mwuun
Kot."**

A usun pwe ei mwan Nikodemus a fen aani mettoch meinisin – pisek,
tipachem, lamalam, pwal nemenem – nge Jesus A poluweni atewe o
ureni pwe are i mi mochen epwe kuna ewe enletin manaw, iwe, epwe
akkomw upsefal. Nikodemus esap tongeni weweiti met Jesus A fos
usun, pun i a chok silei usun uputiwen lemonukoluch.

**w.4 "Nikodemus a apasa ngeni I, "Ifa usun an emon mwan
epwe uputiw lupwen a chinlap? A tongeni tolong sefal lon an
inan we leenien monukol fan aruwan o uputiw?"**

1

Nikodemus a kapas enlet ngeni i pwisin, pwal ngeni Jesus. Ese tongeni wewe. I a silei usun eu chok sokkun "uputiw," ewe sokkun uputiwen lemonukoluch, iei minne, a kapas eis o apasa – "Ifa usun, ei upsefal En Ka kapas usun, pwal iei ewe chok sokkun uputiw sia aani me lemonukoluch?"

w. 5 "Jesus A poluweni, "Enlet, enlet, Ua apasa ngonuk, are emon esap up ren kolik pwal ewe Ngun, esap tongeni tolong lon ewe mwuun Kot.

w. 6 "Minne a up me won ewe fituk i fituk, o minne a up me won ewe Ngun i ngun.

w. 7 "Kosap nenneiruk pwe Ua apasa ngonuk, 'men auchea ami oupwe upsefal.'

w. 8 "Ewe asapwal a enien ia chok a mochen, o en ka rongo-rong ungungun, nge kose tongeni silei ia a enito me ie pwal ia a enilo ie. A chok iei usun ren iteiten iö mi up ren ewe Ngun."

Jesus A wesewesen tongei Nikodemus pun esap weweiti ifa usun an epwe upsefal, iei popun Jesus A awewei ngeni atewe pwe I Esap kapas usun ewe sokkun uputiw sia aani lemonukoluch, pwe fen ewe upsefalin ngunuch. Sia silei pwe kich meinisin sia uputiw won peekin fituk, nge mi fokkun auchea ach sipwe upsefal lon ngunuch. Ei upsefalin ngunuch a wewe ngeni asapwal. Ei mettoch asapwal, sise tongeni kuna ren mesach. Pwal iei chok usun ren ewe ngunun upsefal, sise pwal tongeni kuna ren mesach. Sise tongeni kuna ewe asapwal ren mesach, nge esap ina wewen pwe esap wor asapwal. Sia silei pwe mi wor asapwal pokiten sia kuna minne ewe asapwal a amwokutukutu; sia kuna esisilen enienin ewe asapwal.

Pwal ina chok usun ewe angangen upsefalin ngunuch. Sise kuna ren mesach, nge sia meefi ren met a efisi lon manawach. Met popun pwe a auchea ach sipwe upsefal lon ngunuch? Pun An Kot kuna kich a sokkolo seni met sa pwisin kuna ngeni kich. Lon Rom sopwun ulungat, a afata ngeni kich usun nonnomwuch kich aramas me ren Kot, me mwen ewe fansoun a fis lon manawach ewe angangen upsefalin ngunuch:

Rom 3:10, **"Usun a makketiw, Esap wor emon aramas mi pwung, apw, esap fokkun wor mwo emon."**

Kot A apasa pwe esap wor emon mi pwung, esap fokkun wor emon. Esap wor mwo emon mi unusen mwirino. Me ren Kot, minne mi mwirino epwe chok fokkun unusöch. Kot A fen apwungalo pwe kich meinisin sia tipis – kich chon pwupwungaw.

3

Rom 3:11-18, "Esap wor emon mi mirit, esap wor emon mi kutta Kot. Ir meinisin ra fen tókkóló, ir meinisin ra chok löllo-pök lon ar lamotongaw. Esap wor emon a fori minne mi mwirino, esap fokkun wor mwo emon. Chiorer a usun chok eu peias mi sukkulo. Ra öruni ngeni chönnawer kapas liko-tupwutupw. Poisonun serepenit a nom fan tinawer. Aweer a ur ren óttek me kapas mi amarasa letip. Pecheer ra mwitir le feil ngeni ar repwe assuku chaa. Tatakis me feiengaw a chok fis ekis meinisin ia ra feilo ie. Resap silei ewe alen kinamwe. Esap wor nuokusun Kot me mwen meser."

Rom 3:23 a meselapei ngeni kich usun nonnomwuch aramas: "Pun aramas meinisin ra tipis, o ra pwal sip me lukun ewe lingen Kot." Aramas meinisin ra kapachelong lon ei. Iwe, pokiten aramas meinisin ra tipis, ir ra men osupwangen emon Chon Amanaw– Emon Epwe fori faniter minne Kot echok A tufichin fori.

Lon Rom 5:8-9, ewe Paipel a apasa, "Nge Kot A sopwelo le pwisin pwaralo An tong ngeni kich, pun lupwen kich sia chuen chok chon tipis, nge Kraist A malo fanitach. Iwe, fen pwal lapalon, pokiten iei a kapwungulo pwe kich sia wiliti chon pwung ren chaan Jesus; iwe, sia pwal ngasewu seni fan An Kot song pokiten Jesus."

Kot mi unusöch, iei popun I A pwal atou An alluk pwe liwinin ach tipis epwe pwal unusöch. Kich sisap unusöch. Sia tipis. Iei minne, sise fokkun tongeni ach sipwe fang ngeni Kot och liwin mi ketiw fanasengesin mön ach kewe tipis. Kot A fen atou An alluk pwe mi wor eu chok liwin minne I Epwe etiwa faniten mön ach kewe tipis – fokkun chok chaan Emon Esap wor An tipis. Jesus Kraist fokkun I ewe Emon chok mi tongeni mönatiw ei liwin. Lupwen kich sia luku Jesus, iwe, ewe Paipel a ureni kich pwe sia kuna pwung. Wewen pwe lon ewe chok otun ach etiwa Kraist, iwe, me ren Kot, kich sisap chuen chon tipis, pun me ren Kot a usun chok ita pwe *sisamwo fori och tipis me mwan.*

I A chok kuna ewe unusöchun Jesus Kraist a pwolukichelo.

Rom 6:23, **"Pun liwinin tipis, malo. Nge An Kot we liffang ese kamo, iei ewe manaw esemwuch lon Kraist Jesus ach Samol."**
Ei wokisin a emweni kich ngeni ewe alepengesin manaw. Ekkewe ruofoch al ra itilo mwen aramas meinisin, iwe, emon me emon epwe pwisin filata ika menni al epwe fiti. Lepoputan ach ei fetal, sia fetal won ewe al mi ale ngeni malo me hell. Kich sia tongeni filata pwe sipwe sopwelo chok le fefetal won ei al. Nge lupwen sipwe tori ikewe a keang fesen ewe al me ie, iwe, sipwe kuna pwal efoch al. Iei ewe alen Jesus, ewe alen manaw. Lupwen sipwe tori ei leeni ika ei ukukun, iwe, sia silei pwe iei ewe fansoun ach sipwe filata ika menni lein ekkei ruu al sipwe le fiti. Ei manaw mi fö iei eu liffang seni Kot. Ika eu liffang mi wesewesen eu liffang, iwe, wewen pwe esap wor och angang sipwe fori ren ach sipwe mönatiw liwinin. Kopwe chok etiwa, ika, angefatei. Sia silei pwe kich sisap tongeni amanawa pwisin kich, iei popun sipwe chok etiwa ewe liffangen Kot, iei ewe manaw esemwuch lon Kraist.

Rom 10:9, **"Pun are kopwe pwarata ewe Samol Jesus ren awom o luku lon letipom pwe Kot A amanawa sefalieta Jesus seni malo; iwe, kopwe kuna manaw."**
Ei manaw mi fö a nom lon Jesus Kraist. Ika sipwe fori ekkei ruu mettoch, pwarata o luku, iwe, Kot A pwon ngeni kich pwe Epwe amanawa kich. Awach me letipach repwe tipeeu fengen. A men mecheres ach sipwe apasa och mettoch ren awach, nge letipach esap pwal fiti; nge ika sipwe pwarata ren awach pwe sia luku Jesus, nge a

pwal fiti ḷetipach, iwe, Kot A pwon ngeni kich pwe I Epwe amanawa
kich.

Rom 10:10-14, **"Pun emon aramas a kuna pwung ren an luku lon
letipan, nge a kuna manaw ren an pwarata ren awan. Pun ewe
taropwe mi pin a apasa, Iö a luku I esap fokkun lichipung. Iwe,
esap wor sokkofesenin lefilen chon Jews me Sentail pun a löllö
fengen chok ewe Samol A nemenem wor meinisin, I A
fangesörou wöun ngeni ir meinisin mi kori I. Pun ese lifilifil iö a
kori iten ewe SAMOL epwe kuna manaw. Iwe, epwe ifa usun ar
repwe kori I, ewe resap mwo luku? Nge epwe ifa usun ar repwe
luku I, ewe resap mwo rongorong usun? Nge epwe ifa usun ar
repwe rong usun, ika esap wor emon chon afalafal?"**
Me ikei, iwe, Kot A apasa pwe mi wor ruanu mettoch kich sia
osupwangen ren ach sipwe tongeni kuna manaw.

1. Sia osun an emon epwe ureni kich usun Jesus
2. Sipwe mochen rongorong
3. Mi wesewesen auchea pwe sipwe luku pwe Jesus I ewe Noun
   Kot
4. Sipwe kokkori Jesus, o tungorei pwe Epwe amanawa kich

Mi fokkun tufich pwe oukich sipwe luku, nge sisap aani ewe manaw.
Eli ei liosun awewe epwe tongeni alisi kich ach sipwe weweiti:

Iwe, ita ua fen meefi ai semwen, iwe, ua feilo churi emon doctor, nge ewe doctor a ureniei, "Chienei, ka fokkun semwen. Ika en mi mochen kuna manaw, o pochokul-sefal, iwe, kopwe unumi ei safei." Ngang ua luku ai we doctor, o ua silei pwe i mi tipachem; ua pwal luku alon ngeniei, pwe ua fokkun semwen; iwe, ua pwal luku alon usun ewe safei – nge ngang usap mochen unumi ewe safei, are, eli ua monlukalo ai upwe unumi. Iwe, epwe met lamoten ai we lukuluk? ESAP WOR. Iei minne, ika sia luku lon letipach, iwe, sipwe pwal fori minne mi tapweto—sipwe kokkori iten ewe Samol.

Lon Rom 10:13, ewe Paipel a apasa, **"Pun ese lifilifil iö a kori iten ewe SAMOL epwe kuna manaw."**

Ei wokisin a ureni kich pwe lupwen kich sia kokkori Jesus o tungorei pwe Epwe amanawa kich, iwe, Epwe fokkun amanawa kich. Chechemeni pwe Kot A silei masouwen letipom. Iei eu sokkun iotek sia tongeni aani ika sia mochen kokkori Jesus pwe Epwe amanawa kich:

"Achengicheng Jesus, lon ei fansoun iei, ngang ua suki asamen letipei ngonuk. Ua luku pwe En Ka fen malo fanitei, o manawsefal. Kose mochen tolong lon manawei, omwusalo ai tipis meinisin, o amawana nguni. Achengicheng Jesus, ua fang ngonuk unusen manawei pwe Kopwe emweni. Kilisou ngonuk, achengicheng Jesus, ren Om rongorong ai iotek, pwal ren Om amanawa nguni. Lon iten Jesus ua iotek, Amen."

Ifa usun, kapasen ei iotek ra fiti mochenin letipom?
Ka mochen aani ei sokkun iotek?

Ika pwe a iei mochenum, iwe, kose mochen kopwe aani ewe iotek lon ei fansoun iei, o tungorei Jesus pwe Epwe amanawok…

Iei lepoputan eu manaw mi fö. Kraist A fen fang ngonuk omusomusen om kewe tipis, A pwal fang ngonuk eu popun om kopwe manaw, A fang ngonuk kinamwe lon letipom, A pwal fang ngonuk ewe manaw esemwuch.

Ewe Paipel a pwon ngeni kich manaw esemwuch, (I John 5:11-13)
"O iei ewe pwarata: pwe Kot A fen fang ngeni kich manaw esemwuch, o ei manaw a nonnom lon Noun We. Iö a aani ewe Nau a aani manaw; iö esap aani ewe Noun Kot esap aani manaw. Ua fen makkei ekkei mettoch ngeni kemi mi luku lon iten ewe Noun Kot, pwe oupwe silei pwe oua aani manaw esemwuch oupwe pwal sopwelo le luku lon iten ewe Noun Kot."
Jesus A mochen pwe kopwe sopwelo le chiechi ngeni I, o mämärita lon om weweiti An Kapas, ewe Paipel, A pwal mochen pwe Kopwe silei usun An akkot ngeni manawom.

Kolose 2:6, **"Iwe, usun chok oua fen etiwa Kraist Jesus ewe Samol, iei usun oupwe fetal lon I."**

Sipwe fokkun silei pwe kich sia nonnom lon Kraist pokiten ewe Ngun

8

mi Fel A imweimw lóch. Kraist A manaw lon manawom ren manamanen ewe Ngun mi Fel. Ewe Ngun mi Fel iei ewe Ngunun Kraist A nom lon fonufan lon ekkei ranin ikenai. I A mochen öuralo unusen manawom, are en kopwe mwut ngeni I An Epwe nemenuk. Lupwen kopwe fori iei usun, iwe, kopwe le meefi manamanen ewe manaw mi fö lon Kraist, iei eu manaw en kosamwo silei usun me mwan. Jesus A eita ngeni ei sokkun manaw ewe "manaw mi somwolo." Ei sokkun manaw mi fiti popun, iwe, mi pwal wor met mi fiffiti– eu kinamwe mi somwolo seni ach ekiek. Ei manaw mi pwal fokkun mwasangasang.

Ewe Testament Sefö a afata ngeni kich pwe ach chiechi ngeni Jesus wewen pwe sia mämärita lon ewe manaw mi fö pwal lon ach tong. Ei a kapas usun ach chiechi ngeni Kraist pwal ach chiechi ngeni ewe chópwienen chon luku Kraist. Öukukun ach sipwe tongeni meefi ewe enletin pwapwan me kinamwen ewe manawen soulang a alongolong won alóllólun me sopwosopwun ach chiechi ngeni Kraist lon ach fansoun iotek won pwisin ach pwal ren ach kaeo ewe Paipel.

Lupwen emon epwe soulangilo, iwe, pwisin an filata – esap pwal an emon ngeni. An manaweni ewe manawen soulang, pwal ina pwisin filian, o a fokkun auchea pwe epwe chiechi ngeni ewe chópwienen chon luku Kraist. Emon Soulang – emon mi fen etiwa Jesus Kraist – a fokkun osupwangen an epwe chiechi ngeni ekkewe ekkoch chon luku Kraist. Kopwe tolong lon manawen me angangen ewe mwichefel.

Ewe akkomwen ipwen emon chon luku mi aleasochis ina an aani ewe "papatais an ewe chon lukuluk." Lupwen sia kaeo seni Rom 6:4, iwe, a aiti ngeni kich pwe papatais iei och chok sasingin minne mi fen fis me lon letipach. Lupwen emon epwe papatais, iwe, epwe tutiw fan kolik, pun ei a eliosunata pwe i mi luku pwe Jesus A malo fanitan, pwal pwe i (ewe chon luku) a fen pwal malo ngeni ewe manawen lom. Lupwen an tuta seni ewe kolik, iwe, ei a esisilata pwe i mi luku lon An Kraist manawsefal, a pwal eliosunata pwe i (ewe chon luku) a fen tolong lon ewe manaw mi fö lon Kraist. Papatais och chok pisekin pwarata ngeni aramas pwe kich sia **fen** etiwa Jesus Kraist.

"An Kot we Liffang"
makkeien
Dr. Homer G. Lindsay, Jr.